Heinrich Laubmann

Dürkheim mit seiner Umgebung

Heinrich Laubmann

Dürkheim mit seiner Umgebung

ISBN/EAN: 9783743693722

Hergestellt in Europa, USA, Kanada, Australien, Japan

Cover: Foto ©Andreas Hilbeck / pixelio.de

Weitere Bücher finden Sie auf **www.hansebooks.com**

Dürkheim mit seiner Umgebung.

Vom

Salinen-Inspector **H. Laubmann.**

EINLEITUNG.

In der Bavaria, sowie in den Jahresberichten der Pollichia und andern Schriften sind bereits einzelne Notizen gegeben, welche zur geognostischen Kenntniss des Bezirkes dienen, in welchem die Natur den edelsten Pfälzer-Wein spendet, jedoch bedürfen dieselben noch der Berichtigung und Vervollständigung.

Hiezu beizutragen soweit während 18 Monaten meine Dienstgeschäfte solches gestatteten und vor allem eine genauere Karte dieser Gegend, gleichwie in Zweibrücken geschehen, unentgeldlich in möglichst viele Hände zu bringen, um dadurch die Vergleichung der Bodenarten in geognostischer Beziehung deutlicher und leicht fasslich vor Augen zu führen, das ist der Zweck dieser Darstellung.

Meinen Begehungen lagen die einzelnen Steuerkatasterblätter im Massstabe von $\frac{1}{5000}$ und $\frac{1}{2500}$ zu Grunde, und nach den Einzeichnungen in denselben wurden die in der beiliegenden Karte im Massstabe von $\frac{1}{100000}$ der natürlichen Grösse eingetragen.

Besonderen Dank bringe ich Herrn Universitäts-Professor Dr. Sandberger für die freundliche Bereitwilligkeit, womit er mich zu jeder Zeit zu unterstützen bereit war und die Petrefacten bestimmt hat.

Im Anhange folgt eine Zusammenstellung der Bohrlochprofile, welche die Saline Philippshall herstellte. Auf die noch vorhandenen Belegstücke beziehen sich die Nummern, welchen ich meine eigenen Bemerkungen in Klammern beifügte. Einige andere von Privaten reihte ich an, um so lieber, als dergleichen Aufschlüsse gerade in dem tief cultivirten Boden dieser Gegend die seltenen natürlichen Entblössungen ergänzen müssen.

Ueberblick.

Nur wenige Formationen sind in dem Boden des vorliegenden Kartenbezirkes vertreten. Sie gehören

1) zum Uebergangsschiefergebirge;
2) zu der permischen Formation;
3) zu den Triasgebilden;
4) zu den Tertiärgebilden;
5) Zu den Quartärgebilden.

Specielle Beschreibung.

Zu 1. Das Grundgebirge unserer Gegend sieht man bei Neustadt entblösst. Abwechselnde Lagen eines feinkörnigen, harten, graulichschwarzen Sandsteines mit feinblättrigen, röthlichschwarzen Thonschiefer, an der Eisenbahnböschung bei der Obermühle vielfach zerklüftet, werden als schätzbares Strassenbeschottungsmaterial gewonnen. Auf den beiden Berggehängen bricht dasselbe bis gegen 100 Fuss über der Thalsohle.

Einen schönen Aufschluss dieser Gebirgsart gewährt noch der Schieferkopf oberhalb Oberhambach. Hier in „Chausseesteinbruch" gegen 400'*) über dem Neustädter Bahnhof sieht man eine 50' hohe Schwammwand blossgelegt, worin deutlich und regelmässig geschichtet, grünlichgrauer oder bläulichschwarzer Thonschiefer mit grünlichschwarzen oder röthlichschwarzen 1—9 Fuss dicken Sandsteinbänken wechseln. Sie fallen St. 22½ mit 34° in Nordwest. An den seigeren St. 2—3 in Nordost streichenden Klüften lassen sich keine merklichen Niveauveränderungen der getrennten Massen erkennen. Das Gestein an denselben ist aber hier wie anderwärts mit einer dunkelrothen Farbe angelaufen oder mit einem feinen, rothen Thon überzogen, der es auch in einer schwachen Lage vom darüber horizontal ausgebreiteten Buntsandstein trennt.

Von den instructiven mehrere hundert Fuss betragenden Verwerfungen dieses Grauwackegebirges bei Oberhambach und Neustadt vor Ablagerung des Buntsandsteins gibt das Profil am Kopf der Karte ein Beispiel. Die Annahme einer weit sich erstreckenden und später erfolgten Verwerfungsspalte (Laspeyres Seite 217 und 918 im 19. Bd. der Zeitschr. der deutschen geol. Ges.) entbehrt des Nachweises.

Im Jahre 1864 wurden wegen einer Pumpbrunnenanlage in der Knöchel'schen Fabrik bei Neustadt 113.69 Meter in dieser harten klüftigen Grauwacke gebohrt.

Bei dem letzten Bohrversuch der Saline holte man aus 990' Teufe eben diesen sehr festen feinkörnigen röthlichschwarzen Sandstein, der in der untern Strecke bis zu 1008' mehr grünlichschwarze Färbung annahm und Melaphyr ähnlich ist.

Nirgends fanden sich in dieser Gebirgsart bestimmbare organische Reste, daher bleibt deren Alters-Stellung in der Reihe der Uebergangsformationen, ob sie zu den oberen oder

---

*) Bei sämmtlichen Maassangaben ist stets der bayerische Fuss zu Grunde gelegt.

unteren devonischen Sudimentschichten zu rechnen sind, noch zweifelhaft und wird desshalb hier vorläufig der Name „Grauwackeformation" der passendere sein.

Zu 2. Bei Lambrecht und Lindenberg verbreitet sich ein durch Eisenoxyd intensivrothgefärbter zu Feldbau benutzter Ackerboden.

In dem alten Steinbruch am Maurerweg oberhalb Lindenberg, etwa 200′ Fuss über dem Neustadter Bahnhof, findet sich eine Schuttmasse, völlig zerklüfteten, fleischrothen, feinkörnigen Dolomits mit kleinen von Bitter- und Braunspath-Krystallen besetzten Drusen und höchst feinkörniger intensivrother Sandstein in scharfkantigen Bruchstücken, welche von dem weichen, fettglänzenden und stark abfärbenden Röthelschiefer begleitet sind, der im nassen Zustand zu einem zähen Teig sich kneten lässt.

Bei Grevenhausen erscheint dieser Dolomit blassgelb und rothgefleckt.

Im Schlossgraben zu Heidelberg sind die grünlichgrauen, rothgefleckten thonigen Schichten mit dem gelben dolomitischen Gestein, auf der Grenze des Buntsandsteins und des Rothliegenden als Repräsentant des Zechsteins bekannt, also dürfte auch hier die darunter getroffene intensiv rothgefärbte Gesteinsschicht zum Rothliegenden zu rechnen sein. (Bavaria IV. 42.)

Jm oberen Theil des Lindenberger Thales finden sich auf der Westseite, am Fusse der Berge, zahllose aus Quarz, Kalifeldspath und Spuren von braunem Glimmer bestehende Porphyrstücke in einer Weise, dass auf das ausgedehnte Vorkommen von Porphyrgestein sicher geschlossen werden kann. In 20′ Höhe über der Thalsohle trifft man aber wieder den Buntsandstein in seiner horizontalen Lagerung.

Am Kupferhammer tritt ein rothes und bei Lambrecht

ein grünlichgraues Conglomerat auf, welche gleichfalls zum Rothliegenden gehören.

Diesen Lagerungsverhältnissen entsprechend, muss der zähe, rothe, thonige Bohrschmand aus 978' bis 989' Teufe des letzten Bohrversuches, sowie der von einzelnen kleinen gelblichweissen krystallinisch kleinkörnigen Dolomitsplittern begleitete, feinkörnige dunkelröthlichgraue Sandstein in 978 bis 989' Teufe, welcher aus dem eisenoxydreichen Bohrschmand ausgewaschen wurde. sowie der 10' tiefere dolomithaltige, thonreichere, grünlichweiss gefleckte, braunrothe, sandige Thonschiefer hierher gerechnet werden.

Vom Steinkohlengebirge, welches an andern Orten der Zeit nach auf die Grauwacke folgt, lässt sich auf dem ganzen Kartenrevier eine positive Andeutung nicht nachweisen.

Zu 3. Die Triasgruppe, deren ältestes Glied

a. der bunte Sandstein bildet, und in dieser Gegend, mit Ausnahme einer kleinen Stelle bei Neustadt, nicht allein ausschliesslich vertritt, sondern auch wohl den dritten Theil der bayerischen Rheinpfalz zusammensetzt. Wo nur immer die Aufeinanderfolge der Gebirgsarten sich beobachten lässt, sieht man unmittelbar auf Grauwacke; dagegen bei Lindenberg und am Donnersberg sowie bei der zuletzt ausgeführten Tiefbohrung der Saline, auf dem Zechstein — Dolomit ruhend, den Buntsandstein in rothen, feinkörnigen Bänken.

Das Niveau des Grundgebirges ist, wie bereits erwähnt, sehr ungleich und offenbar vielfach aus seiner ursprünglichen Lage gerückt, verworfen. So liegt in Oberhambach der Buntsandstein mehrere hundert Fuss tiefer als am benachbarten Schieferkopf, wo seine Sohle wie bei Lindenberg gegen 900' über der Meeresfläche sich erhebt, dagegen im Dürkheimer Bohrloch 600' unter derselben liegt.

In der Regel lagert der Buntsandstein horizontal und an den ihn besonders in der Richtung der Mittagslinie vielfach durchsetzenden Klüften lässt sich eine Störung im Niveau der getrennten Massen nicht wahrnehmen.

Vergleicht man das Vorkommen des Buntsandsteins im Dürkheimer Bohrloche bei 600′ unter und am Peterskopf mit 1793′ über dem Meeresspiegel, so ergibt sich eine Mächtigkeit von nahezu 2400′ für diese Formation.

In meiner Karte der Umgebung von Zweibrücken unterschied ich die obere etwa 40 Fuss mächtige Abtheilung des Röth von der tieferliegenden, mächtigen, unter dem Namen Vogesensandstein.

Hier in der Vorderpfalz gelangte ich zu derselben Sonderung, obschon der Röth auf einem verhältnissmässig nur kleinen Gebiet nachgewiesen werden kann.

In der untern Abtheilung treten fast ausschliesslich Sandsteine von feinem, gleichmässigen Korn auf. Das thonige oder quarzige Bindemittel findet sich sparsam oder fehlt ganz, welch letzteres Merkmal vielleicht die einzige Verschiedenheit von dieser Bildung in Franken begründen lässt. Die vom Sandstein eingeschlossenen Quarzgerölle treten nie so häufig auf, um den Character einer Conglomeratbank anzunehmen, obschon in den verschiedensten Höhen, selbst auf dem Drachenfels einzelne schwache Lagen mit Gerölle von Quarz, Grauwacke, Kieselschiefer etc. erscheinen.

An den zu Tage liegenden Straten dominirt die bekannte bunte, namentlich die rothe Färbung mit ihren verschiedenen Nuancen, gestreiften, gefleckten und marmorirten Schattirungen. Nur am steilen Ufer des alten Tertiarmeeres von Battenberg bis gegen Weissenburg hinauf, kommt jener gelbe und weisse Sandstein vor, in welchem am ganzen Gebirgsrand der Haardt zahlreiche Steinbrüche angelegt sind, und welcher schon in grosser Entfernung jedem Reisenden auffällt. Die hellgrauen Lagen gehören keiner bestimmten Schichtenfolge an, wohl aber sind dieselben nur am Ufer des Mainzer Beckens beobachtet worden. Denn einerseits sieht man am Schieferkopf und im Neustadter Thal die tiefsten Lagen der Formation von gleichmässig bunter Färbung und anderntheils beobachtet man an zahlreichen Orten den horizontalen Verlauf der gelben und hellgrauen Farbe in die charakteristisch rothe z. B. hinter den Häusern oberhalb der Oberhambacher Kirche, in den Steinbrüchen bei Seebach, in Grethen u. s. w. Bis zu 970' Teufe brachte der neue Bohrversuch der Saline vorwaltend graue, feinkörnige Sandsteine zu Tage. Hie und da traf man grünlich oder blaulichgraue schiefrige Thone oder Lagen losen Sandes. Zuweilen war in dem heraufgeholten Sandstein Schwefelkies eingesprengt oder Mangan in sammetschwarzem Anflug vorhanden.

Bei dem Vigiliusbrunnen, welcher in südwestlicher Richtung 900' vom neuen Bohrloch entfernt und dessen Schachtkranz 10' höher liegt, hatte man analoge petrographische Verhältnisse nur in 190' höherem Niveau. Der rothe Sandstein, welcher im neuen Bohrloch bei 930—933' tief bricht, ward im Vigiliusbrunnen bei 769' und 3000' weiter in den Seebacher Brüchen 400' über der Thalsohle angetroffen.

Soole wurde nur im Bereich des zerklüfteten weissen Thonsandsteins getroffen und die von der grossen Masse des Buntsandsteins abweichende helle Färbung, welche lediglich am Gebirgsrand vorkommt, scheint mir die Annahme der Einwirkung von Fluthen des Teritärmeeres und dessen Infiltrirung in den zerklüfteten und theilweise porösen Sandstein um so mehr zu rechtfertigen, als auch das Niveau dieser Einwirkung unverkennbar mit dem des tertiären Meeressandes zu beiläufig 1000' über dem heutigen Meeresspiegel zusammenfällt.

Fast allerorts sind die Schichten des Buntsandsteins deutlich und regelmässig. Nur an einzelnen Bergabhängen, noch mehr am Ausgange der Thäler sowie längs des ganzen linksrheinischen Gebirgsrandes des Mainzer Tertiärbeckens sieht man die mürben sandigen Lagen ausgespühlt und die festeren Bänke geneigt.

Diese bisweilen verstürzte Stellung der unterspühlten und zusammengebrochenen Schichten, sowie die Farbenverschiedenheit veranlasste die vielfache Verkennung der richtigen Stellung und der Zusammengehörigkeit. Einzelne Schichten haben 20' Mächtigkeit und eignen sich zu vortrefflichem Baumaterial; auch fehlen nicht schwächere zu Platten brauchbare.

Auf gelblichgrauen und weissen in Ost geneigten Sandsteinstraten steht die Stadt Dürkheim, der Vigiliusthurm, der südlich der Stadt gelegene Steinbruch, der Barth'sche Bierkeller, ebenso verhalten sich die gelbgrauen Sandsteinbänke am Schillerplatz, am Mundthardter Hof, St. 7 mit 30° in Ost fallend, im Poppenthal St. 8 mit 25° in Ost sich neigend, am Ausgang des Forster Thales, sowie bei der Thalmühle St. 3 mit 12° in Ost geneigt; die festeren, mächtigeren gelben Bänke am Hausbrunnen bei Königsbach fallen St. 2 mit 10° in N., und die der südwärts gelegenen Steinbrüche haben eine nur schwache Neigung im Mittag oder Morgen; an der Waldmannsburg St. 3 mit 12° in Nordost, bei Oberhambach rothe Lagen mit 30° St. 2 nordöstlich unweit von hellgrauen Bänken, welche mit 12° in Mittag sich neigen.

Hinter den letzten Häusern am Fusse des Wachenheimer Schlossberges sieht man den bekannten gelben, wellig gefurgten Sandstein mit einem 1' mächtigen Mittel von gelben und violetten Schieferthon St. 10 mit 20° in Südost einschiessen. Im Schindthale sind die rothen Sandsteine St. 1½ mit 5° nach Nordost gerichtet, an der Heidenmauer mit 40°, am Krummholzerstuhl mit 5° in Ost, dagegen im Kallstädter Sandsteinbruch die gelben Bänke St. 19 in West auf 3° sich gelegt haben. Oberhalb der Leistadter Kirchhofkapelle schiesst rother Sandstein St. 8 bis 9 mit 50° in Südost ein. Gegen Leistadt trifft man noch mehrere Brüche auf schwach in Nord geneigten weissen Sandsteinen, welche in den obersten Lagen gelbliche Färbung und transversale Blätterrichtung zeigen.

Der ganze mit Wald bedeckte mächtige Bergzug auf der linken Seite des Rheinthales, „die Haardt" von Weissenburg herab bis an den Donnersberg, schon von Ferne den Blick jedes Rheinthalreisenden fesselnd, gehört diesem Buntsandstein an.

Als vorwaltende Richtung der Bergformen lässt sich diejenige der Hauptzerklüftung des Buntsandsteines erkennen, welche meist mit der Mittagslinie zusammenfällt oder kaum merklich davon ablenkt.

Von den Querthälern schneiden einige von West in Ost in vielfachen Krümmungen bis gegen 1000' tief ein. Eisenberg, Altleiningen liegen in, Dürkheim und Neustadt am Ausgang von solchen.

An vielen Stellen ragen feste Schichtenköpfe hervor oder bilden Felsen sowie schroffe, mannigfach geformte Feldgehänge, während die Höhen von zahllosen Felsblöcken gedeckt sind und wiederholt Gegenstand von Beschreibungen geworden sind. Der Peterskopf, der Teufelstein, der Krummholzerstuhl, die schöne Aussicht, die Limburg, die Hartenburg, der Wachenheimer Schlossberg sind einzelne leicht zu erreichende Punkte in der schmucken Umgebung Dürkheims, welche sich durch die grüne Farbenschattirung des Laub- und Nadelholzes sowie den landschaftlichen Reiz Jedem empfehlen, daher von Einheimischen und Fremden gerne besucht werden.

Von den bedeutenderen Höhen des Kartenreviers, welche eine lohnende Fernsicht und überraschenden Umblick gewähren, sind der Peterskopf zu 1793', der Drachenfels zu 1963', der hohe Weinbieth zu 1904' und der grosse Kalmit bei Maikammer zu 2334' Meereshöhe hervorzuheben.

Das Auge schweift aus dem stillen, unheimlichen Waldesdunkel, welches einerseits auf eine grosse Erstreckung sich darbietet, gegen das weite Rheinthal hin. Man denkt sich das Treiben zu Füssen in den fernen zahlreichen Ortschaften, zwischen welchen sich der silberweisse Rheinstrom hindurchwindet und deren helle Häuserflächen und Thürme, zumal bei Abendbeleuchtung, zwischen Baumgruppen herüberschimmern, und mitunter der Rauch von Dampfkaminen in die Höhe steigt. Im Hintergrunde aber wird das Ganze vom fernen, düstern Schwarzwald umrahmt. Solche Contraste darzustellen, ist einem Maler nicht vergönnt. Ein solch tiefer Gemüthseindruck wirkt auf jeden heilsam.

Kehren wir wieder auf den Boden unseres Sandsteinbezirkes zurück, so sieht man, dass in dem sparsamen, frischen Wasser Forellen sich aufhalten und zuweilen Hochwild im klaren Bache sich spiegelt. Das aus 20 eisernen Röhren hervorsprudelnde Wasser am Fusse der Altleininger Schlossruine wird stets als Seltenheit bewundert. Der Feldbau konnte hier noch keine Ausdehnung gewinnen, die sparsamen Wiesen werden bei grösseren Regengüssen mit Sand überfluthet, und für den Fabrikbetrieb bietet das wenige Wasser zu geringe Kraft, hat daher nur in Verbindung mit Dampfkraft in der Nähe der Eisenbahn eine grössere nachhaltigere Verwendung, überhaupt wagten nur wenige in den engen, tief eingerissenen Thälern sich anzusiedeln und mit Ausnahme der durch Tunnel in die Felsen gebrochenen Eisenstrassen ist der Verkehr nicht gross.

Aber das „Strässelwerk," so viel auch darüber von nationalwirthschaftlicher Seite geschrieben und gesprochen wurde, behauptet noch das herkömmliche Recht und dieses rächt sich auf diesem Sandterrain, wo schon jetzt nur noch in entlegneren Revieren Laubholzbestände sich erhalten haben und bei der um sich greifenden Bodenarmuth allmählig weichen Holzarten und schliesslich der Föhre Platz machen, welche endlich zu einer trostlosen Wüste mit Krüppelholz ausartet, die weithin Klima und Vegetation der Nachbarschaft langsam aber unaufhaltbar ändert und unberechenbar schädigt.

Die obere Abtheilung des Buntsandsteins, welche aus abwechselnden Lagen rother, bisweilen grüngefleckter Letten und thoniger, feinkörniger Sandsteine besteht, insgesammt etwa 10 bis 12 Meter Mächtigkeit umfasst, ist nur nördlich von Neuleiningen vorhanden. Die Steinbrüche zwischen Neuleiningen und Tiefenthal in 1000', sowie die bei Ebertsheim in 800' Meereshöhe gewinnen die leicht bearbeitbaren rothen Sandsteine. Organische Reste sind darin noch nicht gefunden worden. Auch fehlt das bei Zweibrücken beobachtete Ineinandergreifen des Röths in Wellenkalk, welch letzterer hier sammt der ganzen Muschelkalketage fehlt. Die Schichten neigen sich schwach in Nordost, entsprechend der hier vorkommenden Muldenbildung, welche sich gegen Ramsen und Otterberg hinzieht und wahrscheinlich über Kerzenheim, Dreysen, gegen Kirchheimbolanden ausdehnt; jedenfalls müssen die um den Donnersberg auftretenden rothen und weissen Sandsteine, welche von vielen, zum Rothliegenden gerechnet werden, noch viel sorgfältiger als bisher untersucht werden, um denselben ihre richtige Altersstellung anzuweisen. Entgegen der Angabe im J. f. M. 1846, Seite 542, scheint mir, in Folge einer Orientirungstour, die von Steininger, Klipstein, Becker, v. Dechen, v. Oynhausen und v. Laroche der Wirklichkeit mehr zu entsprechen.

Bei Feilbingert und bei Hochstetten wurden bekanntlich Pflanzenreste im Buntsandstein gefunden. (J. d. M. 1848 pag. 168.)

Die demnächst auf Staatskosten vorzunehmenden Begehungen des Bergrathes Gümbel werden in dieser Beziehung sicher seine frühere Darstellung wesentlich modificiren.

b. **Die Muschelkalkformation** ist auf dem Kartenbezirk nur an einem Punkte vorhanden. Am Ziegelberg nördlich von Neustadt, gleich oberhalb des Frey'schen Gartens, zieht sich, etwa 100 Fuss über der Thalsohle, ein kaum 200 Schritte breiter Kalksteinstreifen in nördlicher Richtung bis auf den Vogelgsang, etwa 300' über die Thalsohle hinauf. Am Frey'schen Garten liegen diese Kalksteinstraten ebenso, wie die darunter liegenden Sandsteinschichten mit 30° in Südost geneigt. In mehreren 30 Fuss tiefen Tagegruben werden die durch Klüfte vielfach zerstückten Kalksteine aus ihrer thonigen Einbettung mit der Keilhaue gewonnen, in Körben auf dem Kopf herausgetragen und seit langer Zeit zum Brennen verwendet.

Am zahlreichsten erscheinen in Kalkspath umgewandelte Stielglieder, Encrinus. liliiformis. Einzelne mit Thon und Mergel abwechselnde Lagen haben grobkörniges, krystallinisches, andere dichtes Gefüge. Ferner sind in dem Kalkstein eingewachsen Spirifer fragilis (v. Schloth), Lima striata, (Desh), Pecten lævigatus, Myophoria vulgaris (v. Schloth). Ceratites nodosus.

Am höchsten Punkt beissen die Köpfe von 3" bis 3 Fuss mächtigen, 30° in Südwest geneigten Bänken eines dichten, gelben Kalksteins aus, in welchen ich keine organischen Reste finden konnte, aber viele Kalkspathadern und mit Kalkspath besetzte Drusenräume vorkommen.

Merkwürdig bleibt, dass diese inselförmig auftretende Muschelkalkparthie unmittelbar auf Vogesensandstein ruht und dass die Tertiärschichten nicht bis zu derem Niveau sich erheben.

Weiter nördlich kommt kein Muschelkalk mehr vor. Die einschlägige Angabe bei Mertesheim (Bavaria IV. Bd. 2. Abth. S. 53) beruht daher auf einem Irrthum, ebenso jene frühere, dass dieser Kalkstein bei Kerzenheim sich finde (J. d. M. 1848, S. 165).

Zu 4. Ueber der Trias fehlt die ganze Jura- und Kreideformation. Die Tertiärgebilde des vorliegenden Theiles des Mainzer Beckens gliedern sich in

    a) Meeressand und Meeressandstein;
    b) Battenberger Brauneisensteinbildung;
    c) Meeresletten;
    d) Cerithienkalk;
    e) Litorinellenkalk;
    f) Dinotheriensand;
    g) Kalktrümmer-Gestein;
    h) die Braunkohle im Dürkheimer Bruche und bei Weissenheim;
    i) Basalt.

Hievon gehören zufolge der darin enthaltenen organischen Einschlüsse a, b und c zur oligocänen, d und e zur miocänen, f, g, h zur pliocänen Abtheilung, und i zu den eruptiven Bildungen.

Dem Massstabe der Karte entsprechend, konnten auf derselben nicht so viele Glieder unterschieden werden, als die Beobachtung ergeben hat.

Die einzelnen Etagen der Tertiärgebilde, in ihrem Verlaufe höchst ungleich entwickelt, sind von Battenberg südwärts am Buntsandstein steil angelagert und legen sich weiter gegen den Rhein hin flach nieder, nordwärts, wo das steile Ufer fehlt, liegen sie dagegen schon am Strande ganz flach, wie dies auch das öftere Zutagtreten des Buntsandsteins im Eisbach- und Pfrimbachthal bekundet.

Die Thäler im Buntsandsteingebiet, welche gegen den Rhein hin ausmünden, setzen im Tertiärboden fort und bilden hier langgezogene flache Rücken.

An dem steilen Sandsteinufer, welches von Battenberg südwärts zieht, findet man leicht die ferruginöse gelbe Zone, welche etwa 1000' über dem heutigen Meere liegt und als die Höhengrenze des alten Tertiärmeeres betrachtet werden kann.

Zu a. Meeressand.

Auf Kallstädter Gemarkung in einem Wingert des Herrn Louis Fitz, nordöstlich seines Landhauses, findet sich in 700' Meereshöhe eine Lage von losem, weissem Quarzsand mit festeren Parthien, bei welchen die Sandkörner mehr oder weniger fest durch sparsamos kiesliches Bindemittel verkittet sind, oder in grauen, splittrigen, dichten Quarz verlaufen. Zahlreiche Reste von Seemuscheln (Perna Sandbergeri) ommen darin vor. Das Schloss ist in der Regel nur undeutlich erhalten. Von der Kalkschaale ist keine Spur mehr vorhanden, der Abdruck wird durch den sparsam verkitteten Sand selbst gebildet, welcher aber wieder so vollständig von dem Sandsteine ausgefüllt ist, dass beim Zerschlagen immer beide Gestalten die Abformung und die Ausfüllung mit scharfen Conturen erscheinen.

Zapfenförmige, stalagmitische und stalaktitische Formen von verschiedener Dicke, sind bald isolirt, bald büschelförmig und gruppenweise vereinigt. In der beigegebenen Zeichnung Fig. 3—8 sind einige dieser Massen abgebildet. Man sieht daran gewöhnlich noch dünne Lagerstreifen, welche den Schichtungsflächen zu entsprechen scheinen. Sowohl bei den traubigen als auch bei den kantigen Formen besteht das Bindemittel aus kohlensaurem Kalk. Es sind Kalkspathformen 2R, ähnlich dem crystallisirten Sandstein von Fontainbleau. Zerschlägt man diese Gestalten, so findet sich im Innern ein massiver Kern von splittrigem, dichtem, gelbgrauem Kalk. In der Nähe nördlich und westlich verläuft dieser Sand in Kalksandstein und reinen Kalkstein, welche in Felsen emporragen, südlich finden sich durch das mannstiefe Roden zahlreiche Blöcke von wenig abgerundetem Buntsandstein, so dass dieser Sand, welcher zufolge der darin enthaltenen Meerescomhylien unzweifelhaft zum Meeressande gehört, hier auf einem Riff von Buntsandsteinconglomerat sich ablagerte und, inselförmig im Meeresletten auftauchend, unmittelbar von dem Cerithienkalkstein bedeckt wird.

Auf dem Battenberg, in den Farbgruben westlich vom Dorfe, trifft man zuunterst in 6—10' Tiefe stark zerklüftete Bänke von einem grauen, splittrigen, fettigschimmernden, dem Quarze ähnlichen, jedoch mit Säure meist aufbrausenden, Gestein, dessen Oberfläche aber nicht eben, sondern bald mauerzinnenartige, bald quaderartige Formen mit abgerundeten Kanten bildet. Dazwischen liegen birn- oder rübenähnliche, traubige und zapfenförmige Massen, an deren Aussenfläche die feinen Körnchen mit Kalkspath verkittet sind, dessen Inneres aber aus splittrigem, fettigschimmerndem Quarz besteht. Auf diesem Gestein und zwischen dessen Spalten finden sich Nieren, Nester und traubige Formen von Schwerspath, bald gelblich weiss, dicht, bald feinkörnig grau, von Krystalldrusen durchzogen; auch fand ich eine nussgrosse Kugel von dichtem Kalk, auf der Oberfläche mit glatten Rhomben besetzt und im Innern stänglicher Struktur zeigend. Die darauf folgenden Lagen bestehen aus verhärtetem Thon und Jaspis in allen Uebergängen bis zum dichten Brauneisenstein.

Aus einer Sandgrube am Wege zwischen Neuleiningen und Tiefenthal kommt hellgrauer Kieselsandstein, welcher ins Dichte übergeht und in welchem zuweilen auch nussgrosse, weisse, graue und gelbe Quarzkörner eingekittet sind. Das Liegende bildet Röth, auch findet sich in der Nähe bergaufwärts der Meeresletten, daher derselbe — bisher als Süsswasserquarz bekannt — zum Meeressand gerechnet werden muss. Umsomehr, als in demselben Horizont gleich oberhalb

Neuleiningen, sowie am ganzen Gehänge gegen Grünstadt hin eben diese 1 bis 4 Fuss mächtige Sandlage wieder erscheint, z. B. in der Sandgrube unterhalb des Quekbrunnens, am Bermenthalweg etc. Am Dache sind aber hier die einzelnen eckigen Quarzkörnchen durch kalkhaltiges, selten kieseliges Bindemittel zu erbsengrossen Kugeln vereinigt, welche stellenweise wieder untereinander zusammenhängen und traubenförmige Gestalten annehmen, die auch in geschlossene, festere Parthien übergehen, wie solches die Figur 2 auf der beigegebenen Tafel andeutet.

Ebenso begegnet man dieser Meeressand-Lage an dem nördlichen steilen Gehänge des Eisbachthales zwischen Merthesheim und Asselheim 70 Fuss über der Thalsohle, am Hochberg, auf der Röthelkaut, auf dem Höllenberg, in der Klamm, am Goldberg u. s. w. auf dem Buntsandstein ruhend und von der Battenberger Bildung bedeckt. Sie ist auf der Karte mit 0000 bezeichnet. Auf dem südlichen Gehänge bei Merthesheim ist der Meeresletten derart am Berggehänge herabgerutscht, dass die Lagerungsverhältnisse dieser Schicht verdeckt sind.

Längs des ganzen vom Buntsandstein gebildeten steilen Meeresufers im übrigen südlichen Verlaufe schliessen sich an denselben wohl auch Sandmassen an, ihr Alter kann aber aus Mangel von organischen Einschlüssen und deutlicher Aufdeckung nicht bestimmt werden.

Wahrscheinlich gehören zu dieser Sandetage auch mehrere der auf der Ludwig'schen Karte der Sektion Alzey mit Cerithiensand bezeichneten Vorkommnisse.

Zu b. Battenberger Bildung.

Vom Battenberge südwärts sieht man, dass das ganze Sandsteinufer bis zu 1000′ über dem heutigen Meeresspiegel der Einwirkung eines eisenhaltigen Wassers ausgesetzt war und dasselbe mehr oder weniger in der Farbe veränderte. Die zahlreichen Klüfte sind mit Brauneisensteinkrusten überzogen, die Gesteinsfärbung je nach der Geschlossenheit der Straten mehr oder weniger gelb.

Von Dürkheim bis Grethen lässt sich diese Einwirkung auf 4000' Breite verfolgen. Am letzteren Orte, bei Seebach etc. verlaufen die fast horizontal gelagerten, gelblichgrauen Schichten plötzlich in die bekannten amaranthrothen des Buntsandsteins.

An den Bohngärten bei Neuleiningen, an der Mandelhohl bei Mertesheim, bei Dürkheim am Wege nach Seebach, noch schöner aber an der Ostseite des Battenberges entstanden durch Einsickern und Ausbreiten des eisenhaltigen Wassers in, über und unter losem Quarzsand, je nach seinen Zwischenräumen bald abwärts, bald aufwärts, vereinzelt oder zusammengruppirt, die längst über die Pfalz hinaus bekannten stalaktitischen und stalagmitischen, bald hohlen, bald massiven Sinter- und Sicker-Bildungen von wunderlichen, die Phantasie der Laien anregenden Formen. Fig. 1. Taf. 1.

Am Fuchsmantel bei Dürkheim traf man durch die Bohrarbeiten unter dem Meeresletten blättrigen und schaligen Brauneisenstein, welcher ebenso wie die braune Sandbildung am Seebacher Weg hinter den letzten Häusern Dürkheims und die an der Bergelgewanne bei Königsbach hierher gehört.

In der Lettengrube oberhalb der Kallstadter Ziegelhütte sieht man zwischen dem Buntsandstein und dem Meeresletten verschieden grosse Sandsteingerölle mit Brauneisenstein überzogen und unter einander verkittet. Die entlang des Gebirgsrandes auf den Feldern liegenden zahlreichen Trümmer eines Comglomerates von mehr oder weniger grossen, hellgrauen Quarz mit Brauneisensteincäment, von den Leuten „Schwartenmagensteine" geheissen, sind hierher zu rechnen.

Zuweilen wurde fein- und gleichkörniger Quarzsand durch den Eisenschlamm derart eingehüllt, dass letzterer vorwaltet, wie z. B. in einem Steinbruche westlich von Weissenheim a.

Berg, wo dieser dunkelbraune, muschlichbrechende, sandige Eisenstein in festen, söhligen Bänken ansteht und gebrochen als Pflasterstein in die benachbarten Orte geführt wird.

Dieses Gestein bildet Felsen „in der Röthe" bei Mertesheim am Grünstadter Weg, wo die einzelnen Klüfte mit weissen Kalkspathkrystallen besetzt sind. Auch unten an der Strasse von Kallstadt nach Herxheim, wo der Hohlweg nach Freinsheim abgeht, sieht man ein solches Gestein.

Diese Brauneisensteinbildung, welche nordwestlich von Battenberg in Klüften noch in Meeressand und Buntsandstein niedersetzt, erreicht westlich von diesem Dorfe das höchste Niveau mit 1000′ Meereshöhe.

In den 2—10 Fuss tiefen Farbgruben, gegen die Pickelhaube hin, bemerkt man alle Varietäten von Eisenockerführenden Quarzsand, Eisenkiesel, Thon und Brauneisenstein von grauer, gelber bis dunkelbrauner Farbe. Die Eisenockerhaltigen Thone und Sande werden geschlämmt, dann zu Ballen geformt, entweder unmittelbar in den Handel gebracht oder gemahlen und gebrannt unter dem Namen Englischrothocker, Goldocker, Schwefelgoldocker, Schwefelgelbocker bis zu 4 fl. per Centner verkauft.

Der rostbraune, je nach der Menge des Bindemittels hell- oder dunkelfarbige Sandstein ist bisweilen so fest, dass er als Baustein dient, sowohl in Battenberg, Neuleiningen als noch mehr in Asselheim, Ebertsheim, Mertesheim, an welch letzteren Orten des Eisbachthales er gegen den ihn fast immer begleitenden, braunen, losen Sand vorwaltet und 40 Fuss über der Thalsohle 7 Fuss Mächtigkeit gewinnt.

Auf der Karte deuten **** diese Bildung an.

Unter den Tertiärbildungen, namentlich unter dem Meeresletten, von selbst hervorsprudelnde oder gebohrte Wasserquellen nehmen in der Regel ihren Weg durch diese ferruginöse Zone und setzen dann so viel Eisenocker ab, dass sie als Trinkwasser nicht immer gebraucht werden können.

Zu c. Meeresletten.

Der Septarientham und der Cyrenenmergel, welche an mehreren Orten des Mainzerbeckens unterschieden wurden, sind hier wegen des Kartenmassstabes in die Benennung „Meeresletten" zusammengefasst. Unmittelbar auf dem mit Brauneisenstein verbundenen grosskugligen Sandsteinconglomerat, auf der Höhe links am Wege von Kallstadt zum Peterskopf, in 800' Meereshöhe ruht ein fetter, blätteriger Letten von graulicher Farbe, welcher zahlreiche Nester eines gelblichweissen, kreideartigen Kalksteins, sowie viele bald platte, bald kuglige, bald sonderbar gestaltete, zuweilen sogar hohle Kalksteinknollen von der Grösse einer Erbse bis zu der einer Faust beherbergt.

In diesem Letten liegen zuweilen kleine Fragmente eines rosarothen, feinkörnigen Sandsteins.

Von organischen Resten konnte ich bis jetzt nur Bruchstücke von Ostrea callifera Lam. finden. Die Schalen haben ihre organische Substanz nicht verloren. Diese Meeresablagerung ist hier durch eine Taggrube gegen 60 Fuss breit aufgeschlossen, und wird zur Bodenverbesserung auf die sandigen Felder und Wingert geführt. An der Sachsenhütte steht das Bohrloch 190' 10" in demselben. Im Louis Fitz'schen Hause durchteufte man einen Kalkseptarien führenden Letten mit 100', auch durch das Graben des Fundamentes zum Schulgebäude am Dürkheimer Bahnhofe entblösste man denselben. — Längs der südlichen Böschung des Bahnhofes schloss man ihn auf und fand in der Nähe des Cerithienkalkes zahlreiche Fischwirbel, Wirbel und Rippenfragmente von Halianassa ähnlich wie bei Fürfeld.

Bei Anlage des artesischen städtischen Brunnens an der Wachenheimerstrasse förderte man diesen Letten 12.8 Mtr.

mächtig mit Gyps in schwalbenschwanzförmigen Zwillingskrystallen und mit Schwefelkiesknollen; 900 Schritte weiter südlich, am Heiligenhäuschen, schloss ihn das Bohrloch 77.28 Meter mächtig auf; bei Wachenheim, ferner südlich der Thalmühle oberhalb Deidesheim, bei Königsbach, wo am Ittig fussgrosse Kalkknauern darin liegen, welche im Innern bläulichschwarz und kieselerdehaltig zu sein scheinen, auch unterhalb des Dorfes Haardt sowie im Tiefsten des Neustadter Cerithienkalksteinbruches ist dieser Letten entblösst. An letzterem Orte hat sich das Niveau seines Vorkommens auf 480' gesenkt. Im nördlichen Verlauf dagegen, am Battenberg, bei Neuleiningen, Mertesheim, Kerzenheim u. s. w. lagert sich der Letten auf flachem Untergrund in 700—1000' Höhe. Zwischen Grünstadt und Neumühle liegen einige Töpfergruben in einem gelben, zahlreiche Kalkseptarien einschliessenden Letten, mit einem Muschelkern, welcher zu Cyrena oder Cytherea gehört. Mehrere Exemplare Ostrea cyathula Lam. habe ich erhalten, welche gleichfalls von diesem Platze sein sollen.

Die aus und unter dieser Gebirgslage entspringenden Quellen bei Obersülzen, Dürkheim in mehreren Häusern an der Wachenheimer Strasse bis herab zur Leistadterstrasse, dann bei Edenkoben, Landau, Ilbesheim u. a. O. erregten wegen der mineralischen Bestandtheile und des Schwefelwasserstoffgeruches, namentlich auch in Bezug auf ihre heilkräftige Wirkung, schon seit langer Zeit die Aufmerksamkeit der Bewohner.

Bei Dürkheim gesellt sich noch ein Gehalt an Chlornatrium dazu, welcher aber nachweislich nicht von Steinsalzlagern, sondern von der Auslaugung der mit Meerwasser infiltrirten Sandlagen herrührt.

Braunkohlen wurden auf der Strecke vom Eisenberger Thal bis Edenkoben nicht gefunden.

Bei Mertesheim rutschte der bewegliche Letten am Berggehänge herab, so dass er in den Steinbrüchen unmittelbar auf den rothen Letten des Röths liegt.

Bei Hettenleidelheim gewinnt man mittels zahlreicher Schächte durch unterirdischen Betrieb einen stahlgrauen oder blaugrauen fetten Thon, der weithin transportirt wird, wodurch zahlreiche Bewohner guten Verdienst haben. An der Sohle des Thonlagers erscheinen 2—3 Dzmtr. Durchmesser haltende Knollen von gelbem Jaspis und verhärtetem Thon, welcher gleich wie am Battenberge durch Aufnahme von Eisenoxyd und Kieselerde in braunen Eisenkiesel übergeht. Obschon nun organische Reste, welche über das Alter dieses Thonlagers Aufschluss geben, noch nicht bekannt wurden, so glaubte ich dasselbe doch bei Entwurf der Karte mit der Farbe des Meereslettens bezeichnen zu müssen, obschon der Zusammenhang mit dem unter'm Löss des Eisenberger Thales auftretenden diluvialen Thonlager, welches auch die Lautersheimer Gruben ausbeuten, jetzt mehr Wahrscheinlichkeit hat.

Zu d. Cerithienkalk.

Auf den Meeresthon folgt eine Kalkbildung, welche — wie am Dürkheimer Bahnhof — nicht immer scharf von jenem getrennt ist und in ihrer Erstreckung einige Verschiedenheiten zeigt.

In dem Neustadter Steinbruche liegen zu unterst auf dem grünen Letten schwach in Ost geneigte 40′ mächtige Bänke eines festen, gelblichgrauen Kalksteins mit Cerithium plicatum, Helix deflexa, Helix stenotrypta Al. Braun und Kieselkalkknollen; nach oben meist löcherige, undeutlich geschichtete Felsen mit dolomitischer und grossluckiger Beschaffenheit. Man sieht darin zahlreiche Abdrücke von Cerithien, deren Schalen spurlos verschwunden und deren Steinkerne selten sind. In der Pollichiasammlung sind noch als zu Neustadt gefunden: Venus incrassata Sow. und Tichogonia

Brardii. Bei den letzten Häusern des Dorfes Haardt am Neustadter Fahrweg bricht man in 12′ tiefen Gruben einen weissen oder gelblichweissen Kalkstein in 2—3 Fuss mächtigen Schichten, welche stellenweise viel hellgraue, abgerundete Quarzkörner führen und zahlreich Cerithium plicatum, Cerithium Rahtii Al. Braun, Cytherea incrasssta Sow., Helix deflexa beherbergen, daher als Brackwasserbildung gelten können. Auch unterhalb des nordwestlichen Ende dieses Dorfes am Wege nach Mussbach benützt man diese Schichten mit Cyclostoma bisulcatum, Glandina Sandbergeri und vielen Landschnecken zum Kalkbrennen.

Am Ittig bei Königsbach fanden sich beim Roden im braunen und gelben Letten unregelmässig begrenzte, gelbgraue, im Innern blauschwarze, von Kalkspathdrusen durchzogene Kalkknauern mit 1′ Durchmesser. Im Hangenden dieser Lage gräbt man am Ruppertsberger Weg zahllose 1 bis 3″ starke Platten aus den Feldern, die bald aus reinem gelbweissen Kalkstein bestehen, bald wieder so viel abgerundete, erbsengrosse, graue Quarzkörner führen, dass ein Sandstein entsteht, in welchem manchmal das Kalkcäment sehr sparsam auftritt. Nahe der Metzgergewann sieht man in einer Grube unter der 1′ hohen schwarzen Ackererde in St. 7 mit 20° östlich geneigte Lagen solchen fein- oder grobkörnigen Sandsteines mit zwischen gelagerten Kalksteinplatten.

In den Feldern oberhalb der Forst-Wachenheimer-Strasse liegen Kalkbruchstücke mit Cerithienspuren. Die Felsen bei Wachenheim und am Propelstein bei Dürkheim sind längst weggeschafft, desto schöneren Aufschluss bietet das nachfolgende Profil der südlichen Böschung am Dürkheimer Bahnhofe, aufgenommen von Herrn Adolph Lindemann.

Unter horizontalgelagerten Flötzen von Sand, Thon und Geröll:

9.000 Mtr. Letten mit Kalksteintrümmern und Kreideknollen.
0.150 Sand mit Thonnestern und Resten nicht bestimmbaren Conchylien.
0.040 Letten.
0.030 Grobkörniger Sand mit unbestimmbaren Conchylienresten.
0.080 blättriger Letten.
0.400 Sand und Sandsteintrümmer.
0.600 blättriger Letten.
0.800 grüner Sand.
2.000 grauer Sand mit Roggensteinbildung.
2.500 eisenschüssiger Sand.
0.250 gelber bröcklicher Letten.
0.500 Sand.
0.120 gelber Sand mit einigen dünnen Kalklagen.
0.100 Lose nebeneinanderliegende Kalksteinerbsen.
0.020 Mergel.
0.100 Lose nebeneinanderliegende Kalksteinerbsen.
0.040 Sand.
7.000 Kalktrümmer in Sand liegend.
0.250 blättriger Thon.
0.100 Kalkstein.
0.020 weicher Kalkstein.
0.040 Sand.
0.200 dichter Kalkstein.
0.020 bröcklicher Kalkstein.
0.300 schiefriger Letten, braun, graulichweiss, mit eingeschlossenen Bruchstücken von Kalkstein und Sandstein.
0.045 dichter Kalkstein mit zahlreichen Cerithien und Säugethierknochen.
0.005 sandiger Thon.

0.040 Mtr. Kalkstein mit Cerithien.
0.280 gelbbrauner blättriger Letten.
0.050 dichter Kalkstein mit zahlreichen Conchilien.
0.020 grüner Letten mit Fischwirbeln und Skelettresten.
0.010 Knochenbreccie mit braunem Thon als Bindemittel, Crocodilus sp. Bruchstück eines Hautknochens einer Schildkröte aus der Gruppe der Emyden (Panzerplatte), Kieferfragment eines Nagers, Fischwirbel und Zähne von Palaeomeryx.
0.020 grüner schiefriger Letten mit Säugethier- und Muschelresten.
0.020 gelber Thon mit Knochen und Conchylienresten.
0.020 harter Kalkstein mit Spuren von Conchylien und Säugethierknochen.
0.030 Kalkstein mit zahlreichen Conchylien, theilweise Roggensteinartig mit Resten von Fischskeletten.
0.010 Sandschichte.
0.100 Kalkstein.
0.030 Sand.
0.800 Kalkstein mit sandigen Conchylienführenden Zwischenlagen.
0.100 Kalkstein.
0.080 Sand und Kalksteinflötzchen.
0.010 Roggenstein mit Muschelresten.
0.040 Kalkstein.
0.030 Sand.
0.110 in Sand liegende, unregelmässig geformte Kalkconcretionen, theilweise Roggensteine.
1.00 dichter Kalkstein, stellenweise Sand einschliessend.
0.400 Sand mit unregelmässig geformten Kalkconcretionen.
0.500 dichter Kalkstein.
0.100 dichter Kalkstein.
0.005 sehr brüchiger Kalkstein.

0.025 Mtr. schiefriger Mergel.
0.010 Sand.
0.015 dichter Kalkstein.
0.020 blättriger Thon.
0.030 Sand.
0.100 dichter Kalkstein mit Sand.
0.030 gelbrother, eisenschüssiger Sand, zuweilen mit Thon gemischt und weiss.
0.010 weisser Sand.
0.090 blättriger Kalkstein mit Algenresten.
0.040 blättriger plastischer Thon, unten gelb, dann weiss, oben braungelb.
0.025 dichter Kalkstein mit Cerithien und Muschelresten.
0.050 gelber, magerer, brüchiger Mergel.
0.250 brauner und grüner Letten mit Kalkseptarien.
0.020 Sand grauer.
0.030 grauer Sandstein.
0.030 grauer Sand.
0.050 grauer Letten.
0.010 Sand.
0.010 Weicher Sandstein mit kleinen Krystalldrusen.
0.020 Kalkstein mit Cerithien.
0.020 Mergel mit Cerithien.
0.050 brauner und grüner Letten.
0.030 Mergel mit Conchylienresten.
0.015 Mergel mit Conchylienresten.
0.020 Sandschichte.
0.400 Kalkstein mit Cerithien und zahlreichen anderen Conchylien besonders gegen unten, mit Sand durchzogen und Sandsteinknollen führend.
0.030 brauner Letten.
0.030 hellgelber bröcklicher Thon.
0.220 gelber und grüner blättriger Letten.

0.050 gelber und weisser Sand.
0.020 Sandstein.
0.010 Thon.
0.040 Sand mit Kalksteinen, die Cerithien und Heliceen führen.
0.040 Kalkstein mit Cerithien und Heliceen, Sand und Oolith.
0.040 weicher Kalkstein mit Cerithien, Quarzkörnern und Roggensteinbildung. Es zieht ein schwarzer Streifen durch das Gestein.
0.040 hellgelber und grüner bröcklicher Letten mit etwas Sand durchsetzt.
0.090 blättriger grüngelber und brauner Thon.
0.030 Thon mit weichem Roggenstein.
0.004 Thon mit Sand und Roggenstein.
0.020 brauner Sand bisweilen mit Thon.
0.055 Roggenstein, linsengrosse Kalksteinkörner, auch Quarzkörner u. Thongallen führend. Conchylienreste.
0.060 Roggenstein mit Quarzkörnern.
0.010 weicher Roggenstein.
0.070 Roggenstein mit Hirsekorn bis Linsengrossen Kalksteinkörnern und scharfkantigen Quarzkörnern. Stellenweise mit papierdickem grünem, feinblätterigem Thon durchflochten. Hohlräume und Spalten mit braunem Sand und grauem Thon angefüllt. Spuren von Petrefakten, darunter einige kleine Schuppen- oder Panzerplatten.
0.020 Kalkstein mit Quarzkörnern und Hirsekorngrossen Kalksteinkörnern.
0.020 Roggenstein.
0.010 Thon mit sandhaltigem Roggenstein.
0.050 Roggenstein mit Hirsekorngefüge.
0.005 Roggenstein.

0.200 Kalkstein mit Thongallen, stellenweise roggensteinartig oder Quarzkörner führend.
0.040 brauner blättriger Thon.
0.030 Conglomerat aus Roggenstein.
1.000 Roggenstein mit Cerithien und Helix deflexa. Thon und Letten nicht aufgeschlossen und von unbestimmter Mächtigkeit gegen 200 Schritte breit.

Der Meeresletten mit Kalkseptarien ist ebenso wie in den beiden Bohrlöchern an der Wachenheimerstrasse nicht scharf abgegrenzt, sondern es finden sich abwechselnd gelber Letten und Mergel mit Knochen, Zähnen und Resten von Palæomerix, Crocodylus sp. Emydes (Sumpfschildkröten, Panzerplatten); dünne Lagen von Quarzsand, Cerithienkalk, ferner die vielen Lagen aus kleinen, kaum Hirsekorngrossen runden oder platten, oft nur lose zusammenhängenden Kalkkügelchen, welche einigermassen an Fischrogen erinnern, desshalb auch Rogenstein genannt werden. Leider fand ich die betreffenden Belegstücke nicht mehr nummerirt, durcheinanderkommen. In der Mitte des Profils bricht eine schwache Lage weissen, blättrigen oder oolithischen Kalksteins mit Tichogonia Brardii Brogn. sp. und Mytilus Faujasii Brogn. In einer mächtigeren, gelben Kalksteinbank sind zahlreiche Steinkerne von Ceritium plicatum, Helix deflexa, Planorbis solidus Thomae, auch Abdrücke von Pflanzenstengeln, welche Schilfröhren anzugehören scheinen, eingestreut. Die mit 20° in Ost geneigten Stratenlegen sich gegen den Rhein hin bis zu dem Sandsteinblöcke und Gerölle führenden gelben Sand, mit welchem das nunmehr grösstentheils mit Gras überwachsene Profil beginnt, allmählig fast horizontal nieder.

Auf der Kallstädter Höhe beobachtet man unmittelbar auf der Perna führenden Lage den Uebergang des losen weissen Quarzsandes in die festeren, luckigen Kalksteine mit Drusenräumen und zuweilen dolomitischer Beschaffenheit.

In keinem dieser südlich von Ungstein gelegenen Fundorte kann die Mächtigkeit des Cerithienkalkes sammt seinen Zwischenlagen über 36' angeschlagen werden; weiter nördlich aber konnte ich nirgends Spuren von Cerithien entdecken.

Am kleinen Kalmit bei Landau erhebt sich der Cerithien- und Landschneckenkalk 945'; bei Neustadt nur 500', bei Dürkheim 400'.

Zu e. Litorinellenkalk.

Am mächtigsten und weitesten verbreitet sind die Schichten mit den kleinen Meeresschnecken aus dem Paludinengeschlechte, welche man Litorinella acuta und darnach Litorinellenkalk nennt und zu den Brackwasserbildungen rechnet.

In den Kalksteinen, welche zwischen Lautersheim und Kerzenheim gebrochen werden, kommen zahlreich Cyrena Faujasii Desh. und Litorinella inflata Fauj. sp. vor. Auf der Höhe des Battenberges, nördlich vom Dorfe, finden sich unmittelbar auf dem Meeresletten Kalke mit Tichogonia Brardii Brogn. sp. Diese Wandplattenmuschel erscheint auch zwischen Herxheim und Leistadt neben zahllosen Bruchstücken von Litorinella inflata, welche sich nordwestlich und südwestlich von Weissenheim am Berg ausbreiten. Bei Herxheim neigen sich diese Schichten St. 7 mit 8° in Ost.

Mytilus Faujasii Brogn. soll auch am Hahnenbühl bei Forst gefunden worden sein.

Diese Litorinellenschichten wurden auch in mehreren Dürkheimer Bohrlöchern gefunden, sie bilden zwischen Leistadt, Kallstadt und Herxheim 90' hohe Felsen und gewinnen in ihrer nördlichen Erstreckung zwischen Ebertsheim und Neuleiningen ebensogrosse Mächtigkeit. Das Grünstadter Bohrloch wurde fast ganz in ihm abgeteuft, wobei manche Lagen nur aus diesen in ungeheurer Menge lose aneinanderliegenden, kleinen Conchylien (Litorinella acuta) bestehen.

Die zwischen Leistadt und Herxheim aus den Feldern gelesenen Steine zeigen Millionen der Gehäuse dieses Brackwasserthieres Lit. acuta, Lit. obtusa und Lit. inflata. Selten gesellen sich hier einzelne Helixexemplare dazu, ausnahmsweise Lymneen und Planorben.

Am Habnenbühlerkreuz oberhalb Forst stehen Felsen eines drusenführenden Kalksteines auf gelben, dichten Bänken, welche sich durch den Reichthum überraschend schönen, gelben, strahligen und stänglichen Kalkpathes auszeichnen, gerade so wie derselbe in den schwach geneigten Kalksteinschichten der Steinbrüche im Eichwäldchen auf der Höhe zwischen Neuleiningen und Merthesheim vorkommt, in deren Nähe Gesteinslagen Litorinella acuta und L. obtusa führen.

Auf der Höhe westlich von Herxheim also ober den Litorinellenschichten sieht man „Schüsselsteine" aus den Feldern gegraben, und an deren Rand aufgehäuft. Es sind halbkugelförmige flache Schalen von 1—2′ Durchmesser, der innere hohle Raum mit traubigen, von blaugrünem Thon bedeckten Kalkstein besetzt, während die äussere mehr oder minder glatte oder narbige Oberfläche aus lauter concentrischschaligen, innig aneinanderhängenden Kalkkugeln zusammengesetzt erscheint. Beim Auseinanderschlagen findet man einen sehr reinen, gelblichweissen Kalkstein aus wellig concentrischen dünnen Schalen gebildet. In der Abhandlung zur Section Alzey ist Seite 49 dieselbe Bildung vom Galgenberge bei Schafhausen beschrieben.

Auch auf dem Battenberge fand sich eine 3″ Durchmesser haltende Hohlkugel, wie Ananasfrüchte mit Warzen besetzt, welche aus dichtem concentrischschaltigem Kalk bestehen, während den Hohlraum Kalkspathkrystalle besetzen. Das eine Exemplar, welches ich erhalten, legte ich in die Pollichiasammlung.

Erwähnenswerth sind noch die 1—3‴ dicken, etwa 11‴

langen hohlen Kalkröhren, Phryganea Blumii Hepp. auf der Leistadter und Neuleininger Höhe in den Aeckern als Lesesteine vorkommend.

Nur am Dürkheimer Bahnhofe sieht man dünne Tichogonien — und Mytilusschichten auf dem Cerithienkalk ruhen und vom Knochensand bedeckt.

In Pfeffingen traf das Bohrloch eben diesen Kalkstein mit Bohnerz; in Ungstein bohrte man 263′ darin, in Freinsheim erreichte man denselben erst in 65′ Tiefe.

Den Litorinellenkalk, welcher nördlich vom Spielberg unmittelbar auf den Meeresletten ruht, folgte ich bis Göllheim und Biedesheim. Er erhebt sich bei Leistadt 900′, auf dem Battenberg 1080′, bei Neuleiningen 1130′, bei Lauterheim und Quirnheim 1090′ über dem heutigen Meeresniveau.

Zu f. Knochensand.

Dem Litorinellen Kalkstein zunächst, dessen Lagen in dem tieferen Niveau fast ganz flach liegen, folgt eine Sandbildung, deren Ausdehnung bisweilen ungemein gross, jedoch schwer abzugrenzen ist, weil sie von ähnlichen quärteren Massen fast ganz bedeckt ist. Bei Gimmeldingen schneidet der Neustadter Weg 8′ tief in diesem etwas hellgrauen Thon führenden Sand (Klebsand), in der Sandgrube bei Deidesheim und im Ruppertsberger Eisenbahneinschnitt ist er grau und gelblich gefärbt; zwischen Deidesheim und Forst fand sich ein Zahn von Elephas primigenius, welchen Dr. Schulz in die Pollichiasammlung gab. In den Sandgruben bei Maxdorf und am Feuerberg, westlich von Weissenheim am Sand, ist er 30′ tief aufgeschlossen und bildet die Unterlage der Braunkohlenlager. Auf dem Kübelweg an dem Berggehänge nördlich von Neustadt begegnet man mürbem, blättrigem Thonsandstein, welcher sicher hierher gehört, ebenso diese Lagen am Zumstein'schen Keller in Dürkheim, sowie an der Strasse nach Grethen und die in einem Hohlwege südlich von Leistadt St. 6 mit 25° in Ost geneigten, stets unmittelbar an den gelblichgrauen Buntsandstein angelagerten sandigen Thonlagen.

Bei Kopp's Ziegelhütte unweit Kirchheim an der Eck:
2' Dammerde.
8' grauer, feuerfester, thonhaltiger Sand (Klebsand).
2' weisser Thon.
8' gelber Letten.

Bei der Gerolsheimer Ziegelei sieht man unter
10' grauen Sand,
10' grauen, bisweilen gelben Sand,
2' dunkelbraunen, oben schwarzen Letten (Braunkohlenlage?),
2' rothen Letten,
1' gelben Letten,
3½' weissen Sand,
3½' weissen, thonigen Sand (Klebsand),
15' weissen Sand.

Der Erpolzheimer Weg bei Grosskarlbach schneidet gegen 30 Fuss in diese Sandlagen ein, ebenso der bei Dackenheim und der an der Erpolzheimer Mühle.

Den glimmerhaltigen, wenig Thon führenden, jedoch noch plastischformbaren Sand von gelblicher Farbe verwendet man auch in Freinsheim zu feuerfesten Steinen.

Bei Freinsheim an der Ungsteiner Strasse beobachtet man:
½' Ackerkrume.
4' hellbraunen Diluviallehm.
3' röthlichbraunen Lehm mit Quarzgeröll und braunen Sandsteintrümmern.
1" bis 3" Eisenstein.
3' ockergelben Sand.
Grauer, gelber, braungestreifter Sand ohne Zusammenhang, selten etwas Thon führend.

Auf der Höhe weiter gegen Ungstein:
3' röthlichbrauner Lehm.
2' karmoisinrother sandiger Lehm.
4' hellgrauer Sand in söhligen Lagen.
Bei Dackenheim der Freinsheimer Weg 20' tief einschneidet in
12' feinen lehmigen Sand.
9' sandigem Lehm mit zahlreichen Geröll von Kalkstein, Quarz und Sandstein.
15' röthlich braunem Lehm.
1' Geröll von Quarz, auch Sandstein, grünlichgrauem oder blassgelbem Sand, nach unten hellgrau und zuweilen Thonführend, wie in der Sandgrube gegen Weissenheim.

Bekannt sind die Lager bei Grünstadt, Albsheim, Heidenheim, Dirmstein, aus welchen der weisse Glassand in entfernte Fabriken transportirt und zu weissen Glaswaaren verwendet wird. Nördlich von Dirmstein ist eine 30' tiefe Grube, wo unter 3' hohem, braunes Quarzgeröll führendem Lehm etwas in Ost geneigte Lagen weissen Quarzsandes, bisweilen einzelne Nester von weissen, fetten Thon enthaltend, erscheinen. Weiter östlich steht noch ein solcher Tagbau auf „Stubensand," welcher in der Richtung nach Worms noch mehrmals unter'm Löss hervorschaut. Gewöhnlich erscheint der weisse oder gelblichweisse fette Thon, gleichwie einzelne Gerölllagen nur in Anschwemmungsstreifen im weissen Sand und wird von den Grundbesitzern durch Tagebau gewonnen. Bei Heidesheim und Hohensülzen (auf der Ludwig'schen Karte mit Cerithiensand! bezeichnet) kommen 6' mächtige Lagen ganz reinen Thones vor. Er kommt in Porzellan- und Fayençe-Fabriken nach Grünstadt, Kaiserslautern, am Meisten in die Utzschneider'sche Steingutfabrik nach Saargemünd (jedenfalls die bedeutendste derartige Anlage auf dem Continent).

Diese Gebirgslage, worin bei Asselheim Zähne und Unserschenkelknochen, sowie in neuerer Zeit in der Brand'schen Thongrube ein Stosszahn von Elephas primigenius sich fand, bildet die Sohle der Braunkohlenlager und hängt mit der von Pfeddersheim, Hohensülzen, Einselthum und Eppelsheim in Hessen zusammen, worin seit langer Zeit Knochenreste von Quadrupeden bekannt sind.

Bei Grünstadt sieht man an der Dürkheimer Strasse:
Unter 3' Löss.
    1' Kies.
    1' weissen, erdigen Sand.
    1' rothbraunen Sand.
    4' weissen Sand mit Erde (Thon).

Südöstlich von Albsheim in ungleicher, welliger Lagerung   10' Löss mit Kiesstreifen.
    1' rothen Kies.
    Unbestimmt mächtig, weisse Erde mit gelbem Ocker.

An einem andern Platz:
    3' Lehm mit Kiesstreifen.
    2' rothen und gelben Sand.
    1½' weissen Sand.
    1—4' gelbe Erde.

Unter der gelben Erde ist immer 1—2' Glassand und tiefer liegt schwarzer Sand.

Die Mächtigkeit der weissen Erde wechselt hier von 1—15', sie wird von weissem Glassand bedeckt, der sich auch als Unterlage und Zwischenmittel findet.

Der Löss als Decklage wechselt hier bis zu 18' Mächtigkeit, ebenso der weisse und hellgraue Quarzsand, während die thonführende Lage für sich allein nie über 4' hat.

Bei Grosskarlbach am Hofstück, am Gekarg u. s. w. liegt unter dem Löss gelber und brauner Sand, auch hellgrauer, feinkörniger, dessen Spalten mit Gerölle von braunem und rothem Sandstein, Quarz etc. erfüllt sind.

Zu beiden Seiten des Eisbachthales, von Eisenberg abwärts, ruht auch ein weisser, thonhaltiger Sand unmittelbar auf den Röthlagen des Buntsandsteins und wird von Löss bedeckt. Er erhebt sich an den beiden Thalgehängen gegen Hettenheim und Lautersheim. Bei Lautersheim stehen 80' Fuss tiefe Schächte, aus welchen man unter dem braunen Löss weissgrauen Sand gräbt, welcher 3—4' mächtige Lagen von weissen, fetten Thon führt und manchmal von messerrückendicken Schnüren und Adern schwarzer Kohle durchsetzt wird. Zu unterst trifft man dunkelgrauen und kohlschwarzen Thon mit Trümmern von schwarzer Kohle, welche zufolge mikroskopischer Untersuchung einem Laubholz, wahrscheinlich Betula, anzugehören scheint. Darnach wäre dieser Thon jünger und dem Diluvium zugehörig, während derselbe auf der Karte zum Knochensand gestellt wurde.

g. Kalktrümmergestein.

Merkwürdig ist vor allem die Kalkpartie zwischen Grosskarlbach und Obersülzen. Sie lagert auf dem Dinotheriensand, welcher bei Grünstadt und Heidesheim weissen Thon führt, ist von Löss bedeckt und besteht ganz aus einer angeflössten Schuttmasse von Tertiärkalkstein. Die Zwischenräume der gelben oder grauen, bisweilen luckigen Kalksteinbrocken, je nach der Härte, bald kantig, bald abgerollt, sind mit kleineren Bruchstücken und einer kreideartigen Kalkmasse ausgefüllt. Grössere Stücke des festen Kalksteins wiegen manchmal 10 bis 20 Pfund, sind mit zahllosen Dendriten bedeckt, zuweilen cavernös, auch Kalkspathdrusen enthaltend und haben die verschiedenste Richtung in den meist starkwelligen etwas in Nord geneigten Lagen. Schwache Adern von grünem Letten durchflechten das Trümmergestein. Selten sind einzelne kleine Sandstein-Bruchstücke, Nester von Bohnerz und gelbem Ocker oder Sand.

An den zahlreichen etwa 10' tiefen Gruben am Orlenberg gewinnt man dieses Trümmerestein nur mit der Keilhaue, sucht die grösseren, festeren Stücke zum Kalkbrennen aus und füllt mit der weicheren kleinstückigen Schuttmasse die gegrabenen Löcher wieder zu. Von Grosskarlbach, wo dieses Gestein durch einen Hohlweg entblösst wird, bis zum Goldberg hinauf beträgt die Mächtigkeit dieses Lagers sicher wenigstens 150 Fuss. Das westliche Ende bei Kirchheim liegt auf weisem Glassand, der bei Heidesheim weissen Thon und Dinotherienreste führt. Man kann diese Kalkstücke über die Kirchheimer Mühle bis nach Kleinkarlbach verfolgen, wo solche zu beiden Seiten des Baches in Strassengräben hervorschauen und ursprünglich wahrscheinlich mit den 200' höher gelegenen Schichten auf dem Battenberg und Neuleiningerberge in Verbindung standen. Noch schöner bleibt das östliche Ende dieses Flötzes, wo ein Hohlweg am Lautersheimer Kirchhof auf einer 4' hohen Schichte fleischrothen Sands, 20 Fuss hoch weissen Sand aufdeckt, der in einzelnen etwas nördlich geneigten Lagen weissen Thon führt und von jenem, hier nur 3 Fuss mächtigen, weissen Kalktrümmergestein bedeckt ist. Südlich von Grosskarlbach schneidet der Freinsheimer Weg ein, unter 10' hohem, braunem Diluviallehm schliesst er eine Geröllschicht von 4—5' Mächtigkeit auf, welche das horizontal abgelagerte Kalktrümmergestein bedeckt.

Von organischen Resten konnte ich selbst bis jetzt nichts auffinden, jedoch sollen schon Tertiärkalk-Bruchstücke, namentlich mit Corbicula Faujasii, Mytilus Faujasii, Litorinella acuta, gefunden worden sein. Während im Cerithienkalk nur Steinkerne und Abdrücke der Conchylien auftreten, sind hier die weissen Schalen noch erhalten. Die petrographischen und Lagerungsverhältnisse sind so klar, dass über dieses Zwischenglied zwischen dem Dinotheriensand und dem Löss kein Zweifel sein kann; wahrscheinlich ist es auch älter als das Dürkheimer Braunkohlenlager.

Auf der Karte wurde diese Partie zu den diluvialen Bildungen gestellt, sie gehört aber ihrer Lagerungsverhältnissen nach zu den pliocänen, auf dem Dinotheriensand ruhenden Bildungen. Die Schwefelquelle zwischen Obersülzen und Dirmstein scheint aus dieser Gebirgslage zu entspringen. Es sollte mich wundern, wenn das Vorkommen dieses Trümmergesteins im Mainzer Becken nur auf diesen Platz beschränkt und weiter nördlich gegen Mainz nicht ähnliche Massen zu finden wären!

b. Braunkohlenbildung.

Auf dem stellenweise mächtig entwickelten, öfter weissen Thon führenden Tertiärsand folgt im Dürkheimer Bruche zwischen dem Erporzheim-Friedelsheimer und dem Erpolzheim-Ellerstadter Weg eine Braunkohlenbildung.

Ein ellipsoidisch begrenztes, im Mittel 1.1 Meter mächtiges Lager, welches am Rande stellenweise zu Tage ausbeisst und von einem höchstens 1.3 Meter mächtigen, grauen, plastischen Thon, zuweilen jedoch von Sand bedeckt wird. So fand man in diese äusserst flachen Kohlenmulde bei Bohrloch Nr. 30 unter 4′ Sand 0.1 Letten das Auskeilen der Kohle, während bei Bohrloch Nr. 37 unter 1.2 Meter Sand und 1.95 Mtr. Letten 1.45 Mtr. mächtige Kohle aufgeschlossen wurde. Sie besteht vorzugsweise aus zahllos zerstückelten Holzresten von Coniferen. Manche Stämme sind breitgedrückt zu 10″ bei 4″ Dicke.

Am häufigsten sind die erdigen Lagen. Vereinzelte Stücke haben Aehnlichkeit mit Meilerkohle, andere mit Pechkohle, wieder andere sind bastartig, auch erscheint bituminöses Holz mit Retinit, Eisenvitriol, Salmiak und Gips.

Mitunter sind auch Früchte und Rinde noch zu erkennen.

Hr. Dr. Sandberger erklärte die ihm übersandten Exemplare für die auch aus der pliocänen Braunkohle der Wetterau vorkommende und von Ludwig unter dem Namen Pinus Schmittspahni abgebildete und beschriebene Pinusart, deren Zapfen jedoch der mittelmeerischen Pinus halepensis Mill. so ähnlich, dass sie nicht mehr als verschiedene Individuen von einander sich unterscheiden.

Man gewinnt diese Kohle durch Tagbau. Der Mangel an Zusammenhang trat bis jetzt ihrer Verwendung entgegen, jedoch sind an der Saline Versuche auf Treppenrosten günstig ausgefallen und sie verhielten sich lufttrocken im Effekte zu den Bexbacher Grubenkohlen wie 1 zu 2, bei 30 Procent Aschenrückstand.

Die Brunnengrabungen in Erpolzheim stiessen in 20' Tiefe überall auf diese 1—4' mächtige, auf weissem Quarzsand ruhende Braunkohlenbildung. Unterhalb Freinsheim fand sich ein ähnliches Lager; auch die Bohrarbeit bei Weisenheim am Sand im Jahre 1860 beschreibt:

6' Bohrteiche.
4' 4" rother sandiger Thon.
1' 11" gelber Thon.
2' 9" rother Thon.
2' 0" rother Sand mit Thon.
1' 10" rother Thon.
2' 2" rother Sand.
4' 0" gelber Sand.
1' 0" rother Sand.
0' 7" gelber Thon.
9' 7" rother Sand mit Wasser.
3' 4" gelber sandiger Thon.
2' 2" rother Thon.
1' 6" gelber harter Sand.
3' 0" rother Sand mit Wasser.
2' 7" rother Sand mit etwas Thon.
7' 4" rother fester Thon.
1' 6" schwarzer Thon.

3′ 0″ Braunkohlen.
4′ 3″ blauer, sandiger Letten.

Schon im Jahre 1831 stiess man im Hasslocher Gemeindewald, unweit der Frohnmühle, gelegentlich einer Brunnengrabung in 8—10′ Fuss Tiefe auf erdige Braunkohlen. Nämlich unter

½′ Dammerde,
2½′ Gerölle,
½′ sandiger Letten mit Spuren von Eisenblau,
1½′ Kies,
2—3′ verschiedenfarbiger, merglicher Thon mit Nestern von Braunkohle, sodann Erdkohle, welche beim Verbrennen 45% erdigen Rückstand gab.

Andere Aufschlüsse als diese Notiz aus den Akten fehlen. Ein von diesem Schurfversuch vorhandenes Muster Mulmkohle enthält nach Dr. Sandberger Corylus insita Ludw., Trümmer einer Helix, Knochen und ein Zahnfragment eines hirschartigen Thieres, ferner ein Rollstück von Kalkstein, mit Pupa (quadrigranata) und sei mit der Dürkheimer gleichalterig.

Sicher gehört zu dieser Braunkohlenetage auch der dunkelgraue Letten an der Gerolsheimer Ziegelhütte, sowie die 15 Fuss mächtige Lage grünlichgelben plastischen Thones an der Grossniedesheimer Ziegelei, worin zuweilen einzelne Streifen kleines Gerölle von den verschiedenen Varietäten des Buntsandsteins, Quarz und mitunter Kalksteine vorkommen, und welcher auf Sand ruht.

i. Basalt.

In einem 200 Fuss tief einschneidenden Thale oberhalb Forst ist in dem Gebiet des Buntsandsteins „Basalt" aufgedeckt, der sich bis auf die Höhe der beiden Thalgehänge erhebt.

Dieser Platz auf dem nördlichen Bergrücken, wo dieses

schwarze Gestein zu Tage ausgeht, heisst seit langer Zeit „Pechsteinkopf" und bietet — in 900' Meereshöhe — zugleich eine prachtvolle Fernsicht auf das Rheinthal. Der horizontale Querschnitt dieses zu Ende der Tertiärperiode aus der Tiefe emporgedrungenen und gangartig im Buntsandstein aufsetzenden Gesteins erstreckt sich in der Richtung von Südost in Nordwest insgesammt auf 4000 Fuss Länge bei 700 Fuss Breite. Den mittleren Theil der Eruptivmasse hat in neuerer Zeit der ärarialische Steinbruchbetrieb der Baubehörde aufgeschlossen.

Hier erheben sich nun, gegen 200 Fuss hoch, regelmässige sechsseitige Säulen zu einer aufrechtstehenden prächtigen, pyramidalen Garbe gruppirt, deren Basis etwa 100 Fuss misst.

Im nördlichen Verlaufe sieht man die Säulenstücke in mehr geneigter, weniger regelmässigen Lage. Stets aber sind die Säulen durch Risse in 3 bis 7 Fuss lange Stücke gegliedert.

In dieser Felsart sind Augit, Labrador und Magneteisen höchst innig miteinander verbunden, so dass sich diese Gemengtheile mit dem Auge nicht unterscheiden lassen; sie hat im Kleinen feinkörnig splittrigen, im Grossen flachmuschligen oder unebnen Bruch und schwärzlichgraue oder bläulichschwarze Farbe.

Entfernter von diesem Centrum, gegen die Sandsteingrenze hin, zumal auf der Westseite, nördlich in einer Grube auf der Höhe bei Odinsthal, südlich in den Gemeindesteinbrüchen, besonders oben geht die St. 10 mit 50° geneigte säulenförmige Absonderung in die klein- und grossknglische über, das dichte Gefüge in das mandelsteinartige, blasige, mit zahlreichen kleinen Einschlüssen von Olivin, Zeolith u. s. w. Mit der küglichen Absonderung erscheinen auch verwitterte, mürbe, braun- und gelbgefärbte concentrische Schalen um einen festeren Kern. Der körnige Basalt umschliesst viele grössere und kleinere Fragmente des durchbrochenen Gesteins, welches stellenweise deutlich aus Sandstein besteht, oder aus Nestern und unregelmässigen Parthien violetter, jaspisartiger Massen, welche bald mehr thonige, bald mehr sandige, bisweilen kalkige Beschaffenheit zeigen.

Einige Schritte westlich der Eruptivmasse sieht man in der Thalsohle, am Sandstein, eine von einem Mergelflötz begleitete Rutschfläche St. 6 mit 50° in Ost fallen, während nördlich, auf dem Bergrücken, rother Sandstein St. 8 mit 20° in SO. sich neigt.

Sämmtliche Klüfte, sowohl die, welche den dichten Basalt in Säulen absondern, als auch diejenigen, welche die Masse des eckig körnigen Basalts in verschiedener Richtung durchsetzen, sind je nach dem Zwischenraum von kaum merklicher bis zu Fingerdicke mit einem graulichweissen, gelb- und braungefleckten, blättrigen, auf dem Bruche erdigen Mineral ausgefüllt, welches fast immer mit Säuren aufbraust, offenbar späteres, sekundäres Erzeugniss ist, und wegen seines ausgedehnten Vorkommens den ganzen dunkeln Schrämwänden des Steinbruches ein eigenthümliches, hellgeflecktes Ansehen verleiht. Nöggerath beschreibt eine ähnliche Erscheinung von dem Basalt bei Nirnstein in Karstens Archiv XVI. Bd. S. 360.

Nicht selten trifft man in dem körnigen Basalt Chalcedon und Opal in Schnüren und Trümmern.

Bei Odinsthal werden aus dem basaltischen Culturboden der Felder prismatische Sandsteinblöcke ausgeackert. In der nahe gelegenen Grube sieht man die concentrischschaligen Basaltmassen zersetzt und in braune mürbe Massen und fruchtbare Erde übergehen, welche — nicht aber die harten, splittrigen Bruchstücke — weit und breit als ausgezeichnetes Material zur Bodenmischung für Wingert verwendet und zur

Erzeugung von Bouquetwein gepriesen wird, während man die festen Säulen und Kugeln als vorzügliches Strassenmaterial mehrere Stunden weit fortführt.

Die gegenwärtig durch den Steinbruchbetrieb gebotenen Aufschlüsse sind so instruktiv, dass sie zu noch häufigerem Besuche als bisher den Schulen empfohlen werden können. Das nächste bekannte Basaltvorkommen ist bei Nierstein. Wahrscheinlich waren die verschiedenen Durchbrüche des Basalts durch die tertiären Schichten der Wetterau gleichzeitig mit dem bei Forst, und die Richtung unseres Gangstockes in Nordwest scheint damit in Zusammenhang zu stehen.

Zu 5. Quartärgebilde.

a. Aeltere diluviale Fluss- und Bachanschwemmungen von bald lehmiger, bald sandiger Beschaffenheit und zuweilen Geröllführend, sind im Rheinthale sehr ausgebreitet.

In einer Sandgrube bei Neustadt, am Wege nach Diedesfeld, sieht man

3' Dammerde,
4' rothen Sand mit Quarzgerölle,
4' Sand, oben gelblich nach unten graugefärbt,
1' Quarzgeröll,
6' grauer Sand.

In dem Lehm am Bahnhof daselbst fanden sich bekanntlich viele Knochenreste von Wirbelthieren: Elephas primigenius (Mammuth) Blumenbach; Rhinoceros tichogonius, Ursus colossus, Ursus fossilis fornicatus, Ursus spelæus Blumenbach, Cervus primigenius, Kaup; Cervus capreolus fossilis, Cervus priscus Kaup; Cervus primordialis; Equus adamiticus.

Oberhalb Forst hat sich am Ausgange des Margarethenthales eine Schuttmasse von Basalt und Sandstein abgelagert, welche gleichfalls hierhergehört, ebenso die Sandsteintrümmer bei Gimmeldingen, Bobenheim u. s. w.

Auf dem Drahtzuge im Leininger Thal teufte man 1863

einen Brunnen 9.3 Mtr. im Kies und darunter 1.7 im rothen Sande ab.

In Oggersheim bohrte man 1865 bei J. König 4.8 Mtr. in Sand, 6.0 Mtr. im Letten, sodann noch 19.3 Mtr. in grauem Sand, also zusammen 30,1 Mtr. tief.

Auf dem Wege von Ungstein nach Freinsheim sieht man zu oberst rothen Sand mit Knollen von gelben Eisenocker, näher am letztgenannten Orte, Sand mit Trümmern von braunem, Quarzkörner führendem Brauneisenstein.

Am ausgedehntesten ist ein gelblichröthliches oder braunes, feinen Quarzsand führendes Mergelgebilde, „Löss" genannt, in welchem zuweilen Kalksteinknollen und Sandsteinbrocken neben Landschnecken vorkommen. So Succinea elongata, Bulimus radians, Pupa muscorum, Helix costata, Helix arbustorum, Clausilia parvula und andere.

Diesem Löss begegnet man hinter dem Vigiliusthurm, auf dem Wege von Ungstein nach dem Peterskopf, 20' tief; in 500' Meereshöhe bei Mussbach, höher bei Kallstadt, Herxheim, Kirchheim, Dirmstein, zwischen Weissenheim und Lautersheim, wo ein Hohlweg gegen 18' tief einschneidet, Glimmerschuppen, auch erbsengrosse, weisse Quarzkörner in der zuweilen von feinen, weissen Thonadern durchzogenen Masse erscheinen, und noch an vielen andern Orten.

In 650' Meereshöhe am Ortenberg zwischen Grosskarlbach und Obersülzen steht ein Hohlweg 10' in Löss, der auf einer 2' dicken rosarothen Thonlage ruht, welche wiederum auf einem über 10' mächtigen, braunen Lehm liegt, welcher allenthalben zur Ziegelfabrikation dient.

Bei Musbach fand sich Raseneisenstein (phosphorsaures Eisen) im Lehm.

Diesen Diluviallehm schätzt man für den Getreide- und Obstbau mit Recht sehr hoch. Auf der Karte wurde zwar das Kalktrümmergestein bei Grosskarlbach, in der Voraussetzung, dass es dem bei dem nassauischen Orte Mosbach gleichhalterig sei, zum Diluvium gerechnet, es gehört aber gewiss zu älteren, pliocänen Tertiärbildungen.

b. Alluvium. Gerölle von Kalkstein, Sandstein, Sand, Lehm in den Thälern und Torf, welche durch die laufenden Bach- und Regenwasser angeflösst werden und der gegenwärtigen Zeitperiode angehören, sich unter unsern Augen fortbilden, die Oberfläche bilden, stellenweise mächtig und für die Bodenkultur wichtig sind.

Vor allen sind die in diesen Thälern des Buntsandsteins häufigen Sandflössungen zu erwähnen, sie erhöhen theilweise den Thalboden, überziehen die schmalen Thalwiesen und hemmen die Benützung des Wassers als Triebkraft.

Im Gebiete der Tertiärschichten kommen zu diesen Sandflössungen noch die Abschwemmungen des Mergels, des Kalkes und Sandes. Einzelne weisse Quarzgerölle führende Sandschichten erscheinen auch hier wieder; Landschnecken und Knochen jetzt lebender Wirbelthierarten sind nicht selten in dem Sande eingehüllt.

Zur Vereinfachung blieb die Bezeichnung des Torfes weg. Bei Mutterstadt und Mandach waren schon früher Torfstiche im Betrieb. Bei der Catoir'schen Gerberei in Dürkheim fand sich in 3′ Tiefe ein 3′ mächtiges Torflager auf 2′ mächtigen Letten, unter welchem noch eine zweite Torfschicht ruht. Am Bleichbrunnen und in der 19. Gewann des Dürkheimer Bruches, auch bei Deidesheim, sind Torflager bekannt.

Das Alluvium liess sich nur auf der Sohle der Thäler andeuten, es trägt meist Graswuchs, und Weidenpflanzungen an den Bächen erhöhen den Ertrag.

Der Fleiss und die Intelligenz der Bewohner bemächtigte sich überall des Tertiarbodens zur Cultur, die Kalkfelsen werden mit grossen Kosten weggeräumt und bei dem hochwerthigen Boden die sogenannten Raine, zwischen den einzelnen Grundstücksn nutzbar gemacht, so dass nurmehr die Linien der Marksteine, aber nicht Landstreifen, als Gränze dienen. Den Wald verdrängte entweder die Rebe oder auf den luftigeren exporirten Höhen und am Ausgange grösserer Thäler der Getreidebau. Obst und Wein lieferten stets einen hohen Ertrag, daher auch die vielen kleinen Grundparzellen. Der leichte Sandboden, welcher durch Bearbeitung stets aufgelockert, den Humus schnell zersetzen und an Ertragsfähigkeit verlieren würde, erhält Lehm oder Letten, damit er die Quarzkörnchen binde und zugleich den Pflanzen Nahrung biete, dagegen der Meeresletten durch Sandzufuhr verbessert wird. Die übliche Rodung der alten Wingert auf 2—4 Meter Tiefe bewirkt eine Bodenmischung, wie sie nicht besser sein kann und in Verbindung mit Stallmist und künstlichem Dünger die intensive Bewirthschaftung fördert.

Am untern Gebirg sind wohl $3/4$ der Reben Oesterreicher, am obern Gebirg dagegen ebensoviel Gutedel. Im Oberland mit seinem reichen, jedoch vom Nebel heimgesuchten, feuchten Lössgrund zieht man das Gewächs hoch im Bogenschnitt, welcher eine Fülle von Trauben, jedoch verhältnissmässig nur geringen, weniger haltbaren Wein erzeugt; am untern Gebirg, auf mehr sandigem, trocknerem, den Wuchs edleren, feineren Weines begünstigenden Boden, jedoch niedrig, was hier erfahrungsmässig die Dauer des Rebstockes vermehrt.

In den besseren Ungsteiner, Dürkheimer und Deidesheimer Lagen sind die Oesterreicher verhältnissmässig viel gewinnbringender, als die Gutedel und Traminer im oberen Gebirge. Auch hat Kallstadt auf den neuen Anpflanzungen meist Oesterreicher. Der Traminer am Feuerberg kommt an Güte dem Ruppertsberger nahe. Auf ausgebautem Boden nimmt man jetzt Portugieser, der auf 75 Dezimalen 2 Fuder Wein geben soll, während die Oesterreicher im grossen Durchschnitt nur 1 Fuder füllen; im Oberlande dagegen 1 Morgen gegen 4 Fuder geben soll. Natürlich wirkt hierbei das Alter der Reben und viele andere Umstände entschieden ein.

Die Sandsteinhöhen schützen die Rebencultur, besonders gegen kalte Nachtwinde, die geneigten tertiären Gebirgsschichten führen das Wasser schnell in die Tiefe, während der poröse Boden eine ungemein hohe Wärmeaufnahmsfähigkeit besitzt. Die besseren Lagen stehen im Allgemeinen so ziemlich zwischen der Eisenbahn und dem bewaldeten Sandsteinrande, denn einzelne Sandlagen bei Ruppertsberg und am Feuerberg bauen sich trotz des niedrigen Schnittes bald aus, während die höher gelegenen aus abwechselnden Schichten von Thon, Sand und Kalkstein gemischten „Weinberge" seit Menschengedenken sich eines vorzüglichen Rufes erfreuen und immer das Hauptdepot der feinen Weine bleiben werden.

Die Bodenbearbeitung, die Lage zur Sonne, die Düngung und die Behandlung des Rebstockes bleiben freilich, wie allgemein bekannt, ebenso wesentlich. Durch Zusammenwirkung aller dieser Elemente zeichnen sich aus der Herrnberg, der Spielberg, der Michelsberg, der Frohnhof, der Propelstein und viele andere Lagen um Dürkheim; das Ghäu, am Grain und der Kieselberg bei Deidesheim, der Ittich bei Königsbach, sowie mehrere Lagen bei Herxheim und Neustadt.

Das Kirchenstück bei Forst mit angeschwemmtem, verwittertem Basaltboden hat den werthvollsten Boden für Bouquetwein. Daher darf es nicht wundern, dass daselbst im Jahre 1867 nur $1\frac{1}{4}$ bayr. Tagwerk zu 50,000 ☐' b. mit 18,500 fl. bezahlt wurden und der dort 1865 gewachsene Königswein im Fuder mit 3000 fl., anderer sogar zu 5000 fl. gekauft wurde. Besitzer solcher Rebstücke erfreuen sich im Voraus guten Rufes. Basalterde bleibt deswegen ein hochgeschätztes Material zur Bodenverbesserung, und bei Deidesheim und Dürkheim überführt man Grundstücke mit Hunderten von Fudern, wodurch der Bodenwerth natürlich ungemein stieg, aber im Gemisch mit Tertiärsand auch Riessling von ausgezeichnetem, haltbarem Bouquet erzielt wird. Derartiges reizte bei den letzten besseren Jahrgängen die Rebkultur auf Boden auszudehnen, welcher zwar die Fässer füllt, jedoch bei den vielen aufeinanderfolgenden feuchten Jahrgängen vielleicht besser zu. Acker- und Futterbau benützt würde. Vor allem wird aber dadurch die Traubenkrankheit immer mehr um sich greifen, denn nach meinen Beobachtungen gibt der feuchte Untergrund zunächst die Veranlassung zu dieser Pilzentwicklung, welche dann, gleichwie bei dem Hausschwamm, in niederen, oder dem Luftwechsel weniger zugänglichen Plätzen, begünstigt durch Unkraut und Vernachlässigung der Bodenlockerung, bei entwickeltem Laube schnell auf andere Stellen übersiedelt und beträchtlichen Schaden bringt nicht blos an der Menge des Ertrags, sondern auch an der Gesundheit des Rebstockes selbst. Daher auch schon vor Jahren von Mussbach südwärts, zumal in feuchten Jahrgängen, und an den von Nebel heimgesuchten Lagen die Traubenkrankheit stark um sich gegriffen hat, während solche nordwärts nur sporadisch, meist nur in sogenannten mastigen (stark belaubten) Rebstücken auftrat.

Uebrigens zieht man in Dürkheim seit etwa 12 Jahren die Reben an Draht und setzt die Stöcke in der Regel 1 Mtr. voneinander, während dieselben früher weiter voneinander standen, und am obern Gebirg mit Bogenschnitt solches noch beobachtet wird.

In nachstehender Vergleichung treffen die Felsen, Oedungen und Waldungen in Dürkheim, Neustadt und Grünstadt ganz auf Buntsandstein, in Frankenthal und Ludwigshafen auf Alluvium. Der Weinbau nimmt heute bedeutend mehr Fläche ein, als die Ziffern des folgenden Katasterauszuges angeben, während die Feldfrüchte um eben soviel an Areal verloren.

Im Jahre 1863 wurden bebaut nach Tagwerken à 40000 ☐' bayer.

KANTON	Anbau an Korn Früchten	Kartoffel- bau	Rüben u. Futter auf Aeckern	Wiesen und Weiden	Weinbau	Tabak	Oelsamen Flachs u. verschied. Handels-Artikel	Gärten	Summa dieses Cultur- Areals	Wald	Häusser und Wege	Flüsse und Gewässer	Felsen und Oedungen	Summe	Seelen Anzahl
Neustadt	21204	10464	6355	9483	13980	1342			33529	43115	1864		369	84038	36565
Dürkheim								757	30623	39567	1588		631	72575	28459
Frankenthal									34856	1263	1281		335	38129	20614
Grünstadt	35915	11942	10140	5739	1252	612	3741	762	35252	8198	1464	1078	931	45938	24116
Speyer									27829	12679	1182	3341	189	44121	24430
Ludwigshafen	29637	12270	9085	10413	105	6456	1172	1623	42639	6806	1548		896	53049	27048

Mineralquellen

kommen im Kartenrevier viele vor, namentlich waren solche bei Dürkheim schon im Jahre 1136 bekannt, man suchte sie aber erst 1595 zu benutzen und verwendete dieselben 1730 wirklich zur Salzgewinnung. Ihre Geschichte ist kurz folgende:

Der Wiesenbrunnen oder sogenannte alte Limburgische Brunnen ist einer der ältesten an der Saline, indem ihn die Aebte des Klosters Limburg schon besassen, und sich reservirten, während die andern Quellen dieser Gemarkung an das gräfliche Haus Leiningen verliehen wurden. Im Jahre 1754 hatte die Soole $1^1/_4$ Grad; 1793 betrug nach der Baaderschen Waage die Löthigkeit $^3/_4$ Proct. bei $1^1/_2$ Cubikfuss Zufluss in der Minute. Bei seiner Aufgewältigung im Jahre 1826 fand man den schon früher vermutheten Zusammenhang der Soolzuflüsse mit denen des benachbarten Bleichbrunnens bestätigt. Dabei durchfuhr man

1′ 3″ schwärzlichgrauen, schwer zersprengbaren Kalkstein,

9′ 4″ aschgrauen, sandigen Mergel,

1′ 2″ Flötzsand mit groben Kieseln,

3′ 3″ graublauen Thonmergel. Bei 15′ Tiefe erfolgten so starke Nachbrüche, dass sie die Einstellung dieser Arbeiten, welche bereits 1002 fl. gekostet hatten, veranlassten. Der Zufluss betrug in jeder Minute $1^1/_2$ C.′ mit einem Gehalt zu 1 Prct.

Im Jahre 1846 nahm man diese Versuchsarbeiten wieder auf und fand

von 15—22′ Tiefe, Letten und Sand,

22—32′ „ Triebsand,

32—33′ 3″ „ Kalksteingerölle,

33'3"—47' Tiefe, Triebsand mit Cerithien. Die Soole mit 11½° R. hatte 1 Prct. Gehalt und brachte vielen Eisenocker zu Tage herauf.

Im Jahre 1850 stellte sich das spez. Gewicht dieses Quellwassers nach wiederholten genauen Abwägungen auf 1.005, was einem Gehalte von 0.72 Prct. an festen Bestandtheilen entspricht. Im Oktober 1858 war die Schüttung per Sekunde 0.03333 C.' zu 0.5 Przt.; während des ganzen Etat-Jahres 1865/66 197,100 C.' zu durchschnittlich 0.601 Przt. Im Jahre 1866/67 war die Temperatur 12° R., das spez. Gewicht schwankte zwischen 1.003 und 1.0072, d. s. 0.430 bis 0.458 Przt. Dieser Brunnen wird wegen des geringen Gehaltes schon seit vielen Jahren nicht mehr zur Gradirung verwendet.

Der Altbrunnen, früher lotharingische Brunnen geheissen, kam im Jahre 1700 an das gräfliche Haus Leiningen. Er ist mit grossen Kosten gefasst worden und hat noch im J. 1738 zwei Grad Gehalt gehabt, sich aber dann auf ½ Grad verschlechtert. Das Bohrloch im Nebenschacht fand man im J. 1822 — 460' tief frei, daher wegen dieser grossen Tiefe dessen Fortsetzung ins Auge gefasst, jedoch im Januar 1823 hoffnungslos verlassen wurde, ohne tiefer niedergekommen zu sein., weil das Bohrgestänge einen unheilbaren Bruch erlitten hatte. Im Jahre 1828 schüttete dieser Brunnen per Minute 11 C.' mit einem Gehalt von 0.8 Przt.; 1844 war die Temperatur des Abflusses 10½° R., per Min. 1.78 C.' zu 0.56 Przt.

Im Jahre 1846 lieferten die Aufgewältigungsarbeiten im Tiefsten des Schachtes zwei Quellen, wovon die eine mit einem Bleirohr 1¼ Przt., die andere aber mit 6 C.' Zufluss per Min. nur ¾ Przt. zeigte. Ersteres brachte man auf 2 Przt bei 4 C.' Zufluss per Min. Bei dem weiteren Abteufen auf 31' brach 6' 10'' grauer, grobkörniger Sandstein, der Zufluss vermehrte sich dabei von 5 auf 9 C.', jedoch kam die Bleirohrquelle von 4 auf 1¹/₆ C.' und 1¹/₂ Przt. herab. Bei dem ferneren Niedergehen minderte sich diese Bleirohrquelle noch mehr und die Seitenquelle verschwand gänzlich; nach dem Verdämmen des Seitenschachtes nahm zwar erstere wieder zu, erreichte aber nicht mehr die frühere Quantität, auch die Seitenquellen kamen nicht mehr so ergiebig wie früher.

Im Jahre 1847 bemerkte man infolge der Niedergewältigungsarbeiten eine auffallende Gehaltsabnahme der Quelle. Im Herbste 1850 betrug nach öfteren Bestimmungen die Temperatur der Bleirohrquelle 9° R., der Zufluss per Min. 3.19 C.' zu 0.85 Przt. Im Oktober 1858 war die Schüttung per Sek. 0.03565 C.' zu 0.763 Przt. Während des Etatsjahres 1865/66 war der mittlere Prozentgehalt 0.888, hatte sonach gegen das Vorjahr 1864/65 um 0.025 Przt. abgenommen, dagegen war die Zuflussmenge nach täglichem Mittel von 3742 auf 4139 C.' gestiegen. In den vier Sommermonaten des Jahres 1866 zog man diese Soole zum letzten Mal zur Gradirung; jetzt ist die Hebmaschine abgeworfen.

Der Klammerbrunnen, auch Oberbrunnen genannt, ist im Jahre 1737 gegraben worden und lieferte „eine abundante 3¹/₂ grädige Salzquelle, nach und nach durch herzugetriebenen klaren Sand aber herabgekommen, und im Jahre 1754 nur mehr eingrädig," wie eine alte Beschreibung aus dem letztgenannten Jahre lautet.

Im Jahre 1771 bis 1782 ging man 372 bayer. Fuss tief nieder. Ueberhaupt sind hier im vorigen Jahrhundert die umfassendsten Bohrarbeiten abgeführt, schliesslich aber nur 1¹/₄ grädige Soole erschroten worden. Bei natürlichem Ueberlaufen schüttete der Klammerbrunnen im Jahre 1800 per Minute 19 Maass ¹/₂grädige*) Sohle, während der Soolheber

---

*) 30 Grad = 26¹/₂ Przt. Seit dem Jahre 1828 wird der Prztgehalt aus dem spez. Gew. bestimmt.

aus dem Schachttiefsten 1½ grädige Soole hervorbrachte. Im Jahre 1821 wurde zur Verbesserung der Soolzuflüsse der Auftrag gegeben, das 314′ tiefe Bohrloch, dessen Ort im März 1822 noch in aschgrauem Sandstein stand, so tief als möglich nieder zu bringen, kam aber unter vielen Hindernissen in dem grauen, klüftigen Sandstein nicht tiefer als 27½′, indem der Nachfall an Sand und Wänden die Einstellung dieser Arbeit unabweisbar machte. Spätere wiederholte Versuche missglückten gleichfalls. Im Jahre 1830 war der Gehalt dieser Sohle auf 0.31 Przt. herabgegangen und kam nicht zur Gradirung: im Jahre 1847 brachte die Aufgewältigung dieses Brunnens per Minute 12 C.′ Soole mit 0.9 Przt., aber der Vigilius- und der Engelsbrunnen blieben fast ganz aus, im Jahre 1850 war der Gehalt 0.57 Przt. Er ist auf 175′ Tiefe ausgebüchst, die tieferen 405′ stehen, ohne Verrohrung.

Im Oktober 1858 war die Schüttung per Secunde 0.01944 C.′ zu 0.130 Przt. Dieser Brunnen wurde noch bis Ende 1866 vorzugsweise zur Bereitung der Bäder benützt. Im Jahre 1865/66 war die tägliche Zuflussmenge 1728 C.′ zu 0.686 Przt., also gegen das Vorjahr bei gleicher Schüttung im Gehalte um durchschnittlich 0.019 Przt. zurückgegangen.

Im Jahre 1866/67 war die Temperatur 12½° R. und bei gleichgebliebener Schüttungsmenge schwankte das spez. Gew. von 1.0048 = 0.61 Przt. bis 1.0055 = 0.701 Przt.

Der Nagelbrunnen, zwischen dem Klammer- und Engelsbrunnen gelegen, im Jahre 1738 gegraben und darin 4grädige Soole entdeckt, welcher aber schon 1750 nur mehr ganz schwachen Gehalt zeigte und ist zur Zeit auch der Lage nach gar nicht mehr aufzufinden.

Der Bleichbrunnen wurde 1773 an der städtischen Bleiche angelegt, daher sein Name. Im Jahre 1793 hatte er 1¼°.

Im Jahre 1828 fand eine Commission die Löthigkeit

1.0087 = 1.23 Przt. bei 8 C.′ Zufluss per Minute. Das Wasser führte sehr viel Eisenocker zu Tage. Man fand die Quantität und Qualität der in der Schachtsohle aus Kalksteinbrocken, im Wechsel mit Sand und Lehmlagen 32′ unter Tage hervorquellenden Soole vom Gange des Maschinenrades und von der Witterung abhängig. Im Jahre 1844 war der Zufluss per Minute 2.92 C.′ bei einem spez. Gew. von 1.0066 = 0.94 Przt. und $12\tfrac{1}{2}°$ R. Quellentemperatur.

Eine 1847 vorgenommene neue Bohrung stand
15′ 6″ in Torfmoor und Kalkasche,
4′ in blassrothem Flötzsand mit Quarzgeschiebe,
6′ 4″ in Kalkgerölle,
5′ 7″ in festem Kalkstein,

zusammen 31′ 5″ tief. 1848 bestimmte man denselben zum Kurbrunnen, welchem Zwecke er auch gegenwärtig noch dient. 1850 war die Temperatur $11\tfrac{1}{2}°$ R., der Zufluss per Minute 2.66 C.′, das spez. Gew. 1.0081 = 1.15 Przt.

Im Oktocer 1858 floss per Sekunde 0.0434 C.′ zu 1.069 Przt. Während des Betriebsjahres 1865/66 war die mittlere Zuflussmenge täglich 2253 C.′ mit 0.932 Przt., gegen das Vorjahr, also um täglich 284 C.′ und 0.042 Przt. zurückgegangen. 1866/67 war die Temperatur $12\tfrac{1}{2}°$ R., die tägliche Schüttung 3085 C.′, während das spez. Gewicht von 1.0063 = 0.906 Przt. und 1.0080 = 1.139 Przt. variirte. Er ist auf 38′ Tiefe mit einem Kupferrohr verkleidet und vorzugsweise der Trinkbrunnen der Patienten. Seit 1867 kommt er nicht mehr zur Gradirung, weil die Schüttung des neuen Bohrlochs allein hiezu ausreicht.

Den **Engelsbrunnen** grub man 1739 mit $2\tfrac{1}{2}$ grädiger Soole. 1750 schickte er $\tfrac{3}{4}$ grädige Soole zur Gradirung. Bei der Aufgewältigung im Jahre 1816 fand sich in 29′

Teufe im westlichen Stoss ein $\frac{1}{3}$ proz. Zufluss zu 1 C.' per Min. Aus dem 200' tiefen Bohrloch strömte per Min. 7.58 C.' $1\frac{1}{2}$ proz. Soole, Das trockene Jahr 1822 schüttete sehr wenig, jedoch 2proz. Soole. Das aus 132' des Bohrlochs gehobene Wasser zeigte 1.008 spez. Gew. = 1.13 Przt., das im Schacht nur 1.006 = 0.86 Przt., daher man auch hier wieder beide Zuflüsse mit grossem Zeit- und Kostenaufwand voneinander schied. Im Jahre 1828 stand das Bohrlochtiefste mit $314^2{}_{10}'$ in festem Sandstein. Widerwärtige Umstände verschiedener Art liessen die Wiederaufnahme der Vertiefung nicht mehr zu. Ein nochmaliger Versuch im Jahre 1830 schöpfte in 160' Tiefe $1\frac{3}{8}$proz. Soole, während die Soole im Schacht viel weniger hatte. Allein die mühsam in das Bohrloch eingeschobenen Röhren ergaben den minutlichen Ausfluss doch nur zu 5 C.' mit 1 Przt. und schliesslich keine bessere Soole, als im Schachte. Die Verbesserungsarbeiten 1844 und 1846 bewirkten, dass per Min. 0.33 C.' zu 1.7 Przt. über die Bohrteichel floss und man sah den Zusammenhang des Engelbrunnens mit dem Altbrunnen bewiesen, ebenso den mit dem Laurabach, ferner die Einwirkung des Abflussniveaus auf Qualität und Quantität. Spätere Arbeiten, so kostspielig sie auch waren, erreichten kein besseres Resultat.

Im Jahre 1849 gab das Bohrloch überlaufend per Minute 0.4 C.' mit einem spez. Gew. zu 1.004 = 0.55 Przt., im Jahre 1850 täglich nur 36 C.' mit 0.4 Przt. Es kam 1864 ganz ausser Benützung und ist zugebühnt.

Der **Vigiliusbrunnen**. Nachdem die Abteufungsversuche bei Pfeffingen misslungen und auch an der Sachsenhütte ungünstige Erfahrungen gemacht waren, an der Frohnmühle aber die Hindernisse in der Tiefe eine Fortsetzung der Bohrarbeiten nicht zuliessen und das erschrotene Wasser nicht mehr als 0.1 Przt. zeigte, so verfolgte man, obschon in den vorhergehenden 9 Jahren 16,053 fl. auf Bohrversuche verausgabt waren, im Jahre 1830 den neugewählten Ansitzpunkt des heutigen Vigiliusbrunnens, erschrotete im Jahre 1833 in 243' Teufe eine Quelle mit $\frac{1}{2}$ Przt. und bei 506' Tiefe eine solche zu $1\frac{1}{3}$ Prct. mit 3 C.' Zufluss in jeder Minute, womit man sich begnügte, weil ein Gestängbruch das Weiterarbeiten ohnehin verbot.

Im Herbste 1834 war der Zufluss per Minute 1.85 C.' mit 1.08 Przt. Gehalt; im September 1850 dagegen, wo die Ausflussöffnung 2' tiefer lag, täglich 1750 C.' zu 1.3. Przt. Er ist auf $734\frac{1}{4}$' Teufe ausgebüchst und auf 543' mit einem Kupferrohr versehen. Im Oktober 1858 schüttete er per Sek. 0.00666 C.' zu 1.416 Przt. Im Etatsjahr 1865/66 war der mittlere Prozentgehalt 1.081, die Zuflussmenge in 24 Stdn. 850 C.', gegen das Vorjahr 1864/65 um täglich 36 C.' und 0.019 Przt. geringer. Im Jahre 1866/67 betrug die Temperatur 13° R., das spez. Gew. schwankte zwischen 1.0070 und 1.0085, folglich zwischen 1 und 1.208 Przt, bei einem täglichen Zufluss von 939 bis 993 C.'

Dieses Bohrloch kam jedoch nicht unter den Buntsandstein hinunter, wie d. Z. d. D. geol. Ges. Bd. XX. Heft 1 S. 172 angibt.

Der neue Brunnen. Als die k. bayer. Regierung in den Besitz der Saline Philippshall kam, beschloss man zunächst eine Räumung der Soolquellen vorzunehmen, die reichhaltigsten Zuflüsse für sich zu fassen und dadurch eine höhere Löthigkeit zur Bespeisung der Dornwände zu erreichen. Allein die Abdämmungen der geringhaltigen Quellen zur Verbesserung der edleren Zuflüsse blieben nie nachhaltig, es stellten sich unbesiegbare Hindernisse entgegen, daher schritt man zu den Bohrarbeiten, wobei in den stark zerklüfteten Gebirgslagen der beständige Nachfall und Sandzudrang ungeheuere Schwierigkeiten brachte. Alle Quellen hatten im Verlaufe der Zeit an Gehalt abgenommen, auch war letzterer bei trocknem

Wetter reicher und überhaupt von der Witterung nicht unabhängig. Ferner wollte man im Jahre 1845 das kostspielige Herausheben der Soole aus den Brunnen abstellen. Bei dem natürlichen Ueberlauf der Quellen ging jedoch ihre Qualität und Quantität zu sehr zurück, als dass solches für die Dauer beibehalten werden konnte. Die Abhängigkeit des Quellengehaltes vom Abflussniveau erklärte man sich durch die Zerklüftung der Gebirgsschichten.

Bei dem letzten entscheidenden Bohrversuch wählte man nun wieder die Thalsohle, um nicht allein in geringer Tiefe das feste Gestein zu erreichen, sondern auch das Spaltensystem, dem wahrscheinlichen Zuleiter der Soole aus entfernten Orten. In der That war auch an den Stellen, wo sich der Gehalt der Soole etwas erhöhte, stets starkzerklüftetes Gestein.

Weil kurz vor und mit dem rothen Sandstein unter vielem Zudrang von Sand und Thon, Kohlensäure sowie süsse Quellen erschroten wurden, so büchste man das Bohrloch bis 516′ Tiefe mit Röhren von Eichenholz aus, füllte zur Abdämmung jener unedlen Zuflüsse das Tiefste mit Sand und Cäment, so dass am 8 April 1863 das Bohrloch nur mehr 680′ 8″ unter dem jetzigen Steinpflaster oder 689′ 3″ unter dem Niveau der ehemaligen Bohrbank offen blieb. Ein Jahr später sondirte man und bemerkte, dass die Bohrlochteufe durch Nachfall um 18′ abgenommen hatte. Hierauf wollte man den letzteren wieder auslöffeln, wobei aber schliesslich am 10. März 1865 der Löffel stecken blieb.

Im October 1858 floss per Minute 3.16 C.′ zu 2.23 Przt., anfangs October 1862 2.282 C.′, anfangs Dezember 2.5 C.′, am 23. April 1865 jedoch 2.77 C.′ zu 1.721 Przt., während des Betriebjahres 1864/65 täglich 3600 C.′ zu 1.920 Przt., 1865/66 täglich 3600 C.′ zu 1.937 Przt., im Jahre 1866/67 war bei der gleichen Schüttungsmenge die Temperatur constant 15° R., das spec. Gew. schwankte zwischen 1.0130 = 1.838

Przt. bis 1.0150 = 2.125 Przt. Dieser Soolbrunnen ist der reichhaltigste, im Zufluss constanteste.

Der Brunnen am Kurgarten, welcher aus den Quellen im Keller des H. Hrch. Fitz gespeist war, hat aufgehört zu fliessen, seitdem die neue Tiefbohrung besteht.

Die Mineralquellen überhaupt hatten niemals mehr als 2.2. Prz̧t. an festen Bestandtheilen, niemals wurden in grösserer Teufe erheblich reichere Soolzuflüsse erschroten, Anhydrit oder Gipsflötze aufgefunden. Folglich ist anzunehmen, dass die Dürkheimer Quellen den Gehalt an festen Bestandtheilen der Auslaugung von Massen verdanken, welche von Meerwasser infiltrirt wurden, wovon die Menge des Chlorcalciums nahezu $1/4$, die des Chlormagnesiums $1/30$ von der des Chlornatriums beträgt, während ein Gebirge mit Steinsalzschichten stets Gips führt und reinere Kochsalzlösungen gibt.

Uebrigens haben sämmtliche Trinkbrunnen in der nächsten Umgebung von Dürkheim ein spez. Gew. von mindestens 1.008 also 0.1 Proz. feste Bestandtheile.

Die Zeitschrift der deutschen geol. Gesellschaft, welche mir während des Druckes dieser Notizen zukam, enthält Bd. 19 S. 803—922 und Bd. 20 S. 153—201 eine sehr ausführliche Darstellung der Soolquellen zu Kreuznach und Dürkheim, auf welche ich hier nur hinweisen kann.

Anhang.

1. Bohrarbeiten bei Pfeffingen vom März 1823—1825. (Nr. VIII.)*)

Angaben des Bohrjournals.

3' lettige Dammerde.
1' bläulichschwarzer, sehr zäher Letten.
10' Sand mit Letten untermischt.
1' Quarz mit Kalksteingerölle.
71' Lehm mit gelbem Mergel gegen unten sandig und mit kleinem Quarzgerölle gemischt.
32' gelber, fetter Letten mit einzelnen Quarzkörnern.
25' weisser, mit Säure aufbraussender Mergel, nach unten mit punktweise schwarzabfärbender Substanz und röthlichweissen Lagen.
74' 7" graulich- und gelblichweisser, mit Säuren aufbrausender Kalkmergel, nach unten fester.

Bemerkungen des Verfassers der Abhandlung.

Hievon sind Bohrmehlproben aufbewahrt und mit Nr. 11—58 bezeichnet.

Nr. 11—14 feinsandige, wachsgelbe jedoch graugefleckte Thone.
15 ockergelber, thoniger Sand mit ziegelrothen Streifen.
16—19 zimmtbrauner, jedoch milchweiss getigerter Mergel.
20 grünlichgrauer, schwarzgefleckter, sandiger Thon.
21 braunrother, thoniger Sand.
22—23 grünlichgrauer sandiger Thon mit wachsgelben Flecken.
24—27 schimmelgrüne, sammtschwarz gefleckte, feinsandige Thone.
29—31 ⎫
37—41 ⎬ röthlich und graulichweisser, erdiger, kreideartiger Kalk.
43.45.49 ⎭
28.32.34 ⎫
42.44.46 ⎬ grünlichgrauer, oft auch sammtschwarz gefleckter, thonhaltiger feiner Sand.
47 ⎭
50.51 bläulichgrüner Thon, ockergelb gestreift.
52—55 gelblichweisser, kreideartiger, erdiger Kalk.
56 ockergelber Kalkstein mit Drusen von traubigem und theilweise kleinkrystalisirtem Kalkspath besetzt.

---

*) Auf dem Plan, welcher dem 18. und 19. Jahresbericht der Pollichia beigegeben ist, wurden die Bohrarbeiten der Saline mit Nummern bezeichnet, welche hier in Klammern eingeschlossen, beigesetzt werden.

14' 3" blaulichschwarzer Mergel mit bituminösem Geruch (Nr. 59). Bei 226' Fuss Tiefe erschien eine 1' über die Bohrmündung steigende 1½prozent. Quelle, welche nach 5 Stunden wieder verschwunden ist.

3' 8" fester blaulichgrauer, bituminösriechender Kalkstein mit Kalkspathadern.

31' 1" blaulichschwarzer oder blaugrüner mit Säure aufbrausender Thon, wechselnd mit schwachen 6'"—12'" mächtigen Kalksteinflötzchen (Nr. 60—75).

266' 7" Gesammtteufe bis hieher.

2' isabellgelber Quarzkörner führender fester Kalkstein mit Kalkspathdrusen u. Bohnerzkörnern.

4' isabellgelber Kalkstein. Bei 269' Tiefe ist mehrere Stunden hindurch eine 1½proz. nach Schwefelwasserstoff riechende Quelle über die Bohrbank gesprungen.

7' dunkelblaugrauer bituminöser Mergel.

13' gelblichweisser Kalkmergel mit ebenso gefärbten festeren Kalksteinknauern.

Nr. 57 milchweisser und aschgraugeflammter erdiger Mergel.

58 ockergelber fetter Letten.

59 aschgrauer Mergel. Die Etiquette gibt 5' 5" Mächtigkeit an.

60 blaulichgrüner Thon, 22' mächtig angegeben.

61 — 63 grünlichgrauer magerer Thon.

64—67 grünlichgrauer und blaulichgrüner Mergel.

68 und 71 mäusegrauer Mergel.

69 rauchgrauer Kalkstein mit ebenso gefärbten Kalkspathdrusen.

70 und 72 messinggelber, rauchgraugefleckter, mit feinem Sand gemengter Mergel, 2' mächtig bezeichnet.

73 grünlichgrauer dichter Kalkstein mit kleinen Drusen besetzt von weingelben Kalkspathkrystallen, 2' mächtig bezeichnet.

74 isabellgelber sandiger Kalkstein, 2' mächtig bezeichnet.

75 isabellgelber Mergel.

76 ockergelber und gelblichweiss gefleckter fester Kalkstein, 5' mächtig bezeichnet.

77 erbsengrosse Bohnerzkörner nebst Stückchen von zimmtbraunem feinkörnigem Sandstein.

78 aschgrauer, sandiger Mergel, 7' mächtig.

79 gelblichgrauer und gelblichweisser Mergel.

80 und 81 dichter, gelblichweisser Kalkstein mit Kalkspathdrusen.

12′ 6″ fester, schwer zersprengbarer, gelblichweisser Kalkstein.
10′ 0″ blaugrauer, bituminöser Mergel.
0′ 5″ blaugrauer fester Kalkstein.

4′ 4″ dunkelblauer Kalkstein mit Conchylienresten.

1′ 9″ blaugrauer bituminöser sandiger Mergel mit Conchylien.
1′ 6″ blaugrauer Mergel.
1′ 1″ schwarzblauer bituminöser Mergel mit Conchylien.

17′ 7″ grünlichgrauer, bituminöser Mergel mit Muschelgehäusen, (90—97)

Nr. 82 wie 80 und 81.

83 aschgrauer, magerer Mergel 10′.

84 grünlichweisser dichter Kalkstein 5″.

85. 86 bleigrauer, kalkhaltiger, feinkörniger Sandstein mit lose beiliegenden kleinen Schneckenhäuschen: Litorinella acuta Drap, Cerithium plicatum var. multinodosum. Neritina fluviatilis L.

87 Literinella acuta Drap. Melanopsis callosa. A. Braun

88 bleigrauer, sandiger Mergel 1′ 6″.

89 stahlgrauer, sandiger Mergel 1′ 1″.

90 gelblichgrauer sandiger Mergel mit Litorinella acuta Drap. — Cerithium plicatum (Lam) var multinodusum, — Melanopsis callosa. A. Braun.

91 gelblichweisser Kalkstein, 3′ 4″ mächtig angegeben.

2 erdiger, gelblichweisser Kalk. 2′ 5″ mächtig.

93 stahlgrauer Mergel mit zahllosen zerbrochenen Conchylien, 3′ 6″ mächtig.

94 perlgrauer, sandreicher Mergel, 1′ mächtig.

95 gelblichweisser Kalkstein, 1′ 3″ mächtig.

96 gelblichgrauer, sandreicher Mergel, einige Zoll dick.

97 aschgrauer, sandiger Mergel zu 5′ 9″ angegeben.

8' gelblichweisser sehr fester Kalkstein in dünnen Platten, sodann Sand unter dessen Zudrang bei
378' Gesammtteufe das Bohrloch verlassen werden musste. Es kostete 8997 fl.

Nr. 98. Als letzte Gebirgsschicht mit unbestimmter Mächtigkeit bezeichnet. Sand von weissem und grauem Quarz, sowie von gelblichweissem, scharfkantigem Kalkstein mit losen Cerithien und noch mehr Litorinellen. (Litorinella acuta Drap.)

2. Bohrarbeiten auf der Sachsenhütte bei Dürkheim vom Septbr. 1829 bis Juli 1830. (Nr. IX.)

39' 10" blaulichgelber Thon. (Bohrmehlprobe Nr. 1 blassgelber magerer Thon)
80' 9" blaulichgrauer Thon. (Nr. 2 gelblichgrauer magerer Thon.)
1' 0" schwarzer feiner Sand. (Nr. 3 tombackbrauner, thonhaltiger Sand.)
1' 3" grünlichgrauer, blättriger Thon. (Nr. 4.)
9' 6" grauer Thon. (Nr. 5)
1' 4" schwärzlichgrüner und olivengrüner, etwas mit Sand gemengter Thon. (Nr. 6.)
3' 1" blaulichgrauer blättriger Thon. (Nr. 7.)
48' 1" schwärzlichgrüner, sehr bituminöser Thon mit Nestern von Sand und Schwefelkies, gegen unten brechen ganz dünne Lagen von weissem Sand ein. (Nr. 8.)
190' 10" Gesammtteufe im Meeresletten.
6' 0" sehr feiner graulichblauer Sand. (Nr. 9 thonreicher feinkörniger Sandstein.)
11' 2" fester graulichblauer Sandstein zuweilen mit einzelnen Quarzgeschieben, meistens mild zu bohren. (Nr. 10 kleinkörnig.)
3' 4" blaulichweisser Thon. (Nr. 11 grünlichgrau, mager.)
18' 11" fester, graulicher Sandstein. (Nr. 12 etwas gröber als Nr. 10.) Mit 208' 8" erschrotete man eine Quelle, welche per Minute 5½ Cbkfss. Wasser mit 12½° R. Wärme und 0.4 Proz. über die Bohrbank schüttete, mit solcher Gewalt, dass sie das Bohrmehl zu Tag förderte.
20' 3" milder, graulicher Sand, öfters mit grossem Quarzgerölle. (Nr. 13.)
0' 6" weisslichblauer Thon mit vielen Quarzkörnern. (Nr. 14.)
7' 11" milder, graulicher Sand. (Nr. 15.)

10'	2"	Sandstein mit mehr oder weniger grossem Quarzgeröll und grauen Thongallen. (Nr 16 weisser und grauer dichter Quarz.)
0'	6"	fester, feinkörniger, röthlicher Sandstein. (Nr. 17.)
15'	10"	milder, bläulicher, thoniger Sandstein. (Nr. 18.)
2'	9"	fester, weissgrauer Sandstein. (Nr. 19.)
7'	10"	milder, grauer Sand. (Nr. 20.)

290' bayer., bei welcher Tiefe die Hindernisse so gross wurden, dass man vorzog ein neues Bohrloch anzusetzen. Es waren hierauf 3976 fl. ausgegeben.

3. Bohrarbeit an der Frohnmühle vom September 1830 bis Februar 1832. (X.)

4'	--	Dammerde.
4'	5"	angeschwemmter, röthlicher Sand mit Sandsteinbrocken. (1)
6'	10"	rother, sandiger Thon mit Nestern von gelber Farbe. (2)
8'	4"	lichtgelber Thon mit weissem, aufgelösstem Kalk. (3)
0'	7"	röthlichweisser Sand. (4)
9'	7"	gelber, sehr sandiger Thon. (5)
7'	--	röthlichbrauner, sandiger Thon. (6)
18'	2"	röthlicher und brauner, sandiger Thon mit gelbem und schwarzem vermischt. (7)
4'	5"	rother und weisser, sandiger Thon. (8)
16'	2"	gelber Thon mit schwarzen Braunsteinnestern. (9)
5'	--	weisser und gelber, sehr sandiger Thon mit Nestern von schwarzem Braunstein. (10)
7'	11"	weisser, plastischer Thon mit Sand, Gyps und schwarzen Braunsteinnestern. (11)
4'	2"	bräunlichgelber Thon mit eisenschüssigem Sand. (12)
1'	7"	gelblichgrauer, feiner, plastischer Thon. (13)
1'	-	weisser, aufgelöster Kalkstein. (14)
9'	7"	fester, körniger, gelber Kalkstein. (15)
2'	3"	bläulichweisser Thon, sehr kalkig. (16)
18'	6"	graulichweisser Kalkstein. (17)
7'	3"	weisser, milder Sand. (18)
1'	7"	fester, weisser Kalkstein. (19)
0'	10"	grünlichgrauer Thon. (20)
5'	0"	weisser Kalkstein, bald fest, bald mild. (21)

8'	—	weisslichgrüner plastischer Thon. (22)
10'	4"	weisser, sehr kalkiger Sand. (23)
3'	4"	weisser Kalkstein. (24)
4'	1"	weisser, kalkreicher Sand. (25)
2'	4"	weisser, fester Kalkstein. (26)
2'	9"	röthlicher Sand. (27)
18'	20"	weisser, fester Kalkstein, zuweilen sehr zerklüftet und manchmal milde Lagen führend. (28)
1'	6"	gelblichbrauner Sand. (29)
0'	8"	gelblichbrauner Thon mit weissen Kalksteinbrocken und feinem, röthlichem Sandstein. (30)
2'	10"	gelblichbrauner Sand. (31)
3'	9"	gelblichbrauner Thon mit Eisenkörnern. (32)
4'	3"	gelber, thoniger Sand mit Kalksteinbrocken. (33)
18'		weissgelber, fester Kalkstein in verschiedenen mächtigen Schichten, und bisweilen mit Thonnestern. (34)
5'	2"	gelber, plastischer Thon. (35)
0'	9"	weisser, kalkhaltiger Thon. (36)
6'	11"	bläulichgrüner Letten. (37)
23'	6"	Quarzsand mit Letten gemengt, zuweilen Thonknollen. (38)
6'		Sand mit Sandsteinbrocken und Kalksteingeschieben.
2'	8"	plastischer Thon, zum Theil sandig. (39)
9'	2"	thoniger Sand mit dünnen Lagen von Kalkstein, Sandstein und Mergel. (40)
10'	2"	sehr fester, gelber Sandstein. (41)
23'	11"	Sandstein mit kalkigem Bindemittel, zum Theil sehr fest und Hornsteinartig, auch mit einzelnen Partien von gelbem Kalkstein. (42)
3'	0"	grauer feiner Quarzsand. (43)
19'	7"	graublauer Quarzsand. (44)
12'	7"	Merglicher Sand mit bituminösen Thonmergel und Kalkmergel. (45)

344' 1" zusammen; sodann wegen der Hindernisse des Nachfalls und der Hoffnungslosigkeit zur Erschrotung von Soole verlassen. Bei 258' Tiefe salzfreies Wasser mit 10° R. erschroten; bei 305' eine Quelle getroffen, welche bei einer Temperatur von 12° R. per Minute 12 Cbfss. über die Bohrlochmündung schüttete, aber zufolge des spez. Gewichts nur ⅛ Przt. an festen Bestandtheilen zeigte.

4. Im Jahre 1846 versuchte man noch einmal zunächst oberhalb der Frohnmühle, wo die Kalklagen 25° in Osten fallen, niederzugehen, und traf

    4' Dammerde,
    1' Sandsteinauffüllung,
    1' bläulichen, sandigen Thon,
    0' 6" röthlichen Sand,
    33' 6" mageren, weissgrünen Thon mit eingeschlossenen Süsswasserkalkstein,
    2' 3" festen Kalkstein,
    7' 9" gelben Thon,
    5" Sand,
    11' 1" gelber Thon.

bei 61' 6" verliess man jedoch diese Arbeit.

5. Bohrversuch am Vigiliusbrunnen, vom September 1830 bis Juni 1833. (XI.)

11' schwärzlich grauer Sand (1, rauchgrauer feinkörniger Quarzsand).

6' 3" rother Sand (2, feinkörniger Quarzsand).

31' 6" bläulichweisser Sand (3, grünlichgrauer Sandstein mit etwas thonigem Bindemittel.)

6' 9" weisslichblauer Sandstein (4, hellgrauer mit sparsamem Thonbindemittel).

12' 2" bläulicher, feiner, thoniger Sand (5, hellgrau).

2' 0" bläulichgrauer Sandstein (6. feinkörniger, grauer mit kieslichem Cäment).

12' 4" bläulichweisser Sand. Bei 141' milder und per M. 1 C.' Wasser (7).

175' 10" graulichweisser, feinkörniger, thoniger Sandstein mit zahlreichen Nachbrüchen, gegen unten Thongallen führend (8).

2' 0" schwarzgrauer, sandiger Thon, sodann Soole 1⁸/₁₀ C,' mit 1 Przt. und 12° R. (9, grünlichgrau).

234' 5" milder Sandstein mit Thongallen bisweilen sehr fest (10, dunkelgrau).

5' 0" bläulichgrauer Thon mit Glimmer (11, mager).

1' 0" röthlicher Sand (12, schmutzig gelblichgrau).

2' 0" grobkörniger Quarzsand mit Körnern bis Haselnussgrösse (13).

15' 6" weisslichgrauer Sandstein (14).
11' 4" grober, grauer Quarzsand mit Quarzgeschieben und Glimmer (15).
142' 3" grauer Sandstein, meist sehr fest, zuweilen weich (16).
8' 5" grauer weicher Sandstein mit Thon.
2' 10" grauer Sand mit Thon.
6' 2" grauer Sand mit dünnen Lagen blauen Thones.
3' 9" bituminöser Mergel von grünlichgelber Farbe (17, thonhaltiger grauer Sand).
1' 9" blauer Thon mit merglichem Sand (18, thonhaltiger grauer Sand).
16' 6½" grauer Sandstein mit wechselnden Lagen von Thon und sandigem Mergel (wie Nr. 16).
3' 7½" Thon von weissgrauer Farbe (19, mager).
0' 7" sandiger Mergel mit Thon,
17' 9" Thon mit sandigem Mergel (20, hellgrauer feinsandiger Thon und mürber Sandstein).
3' 3" feiner bituminöser Mergel (21, thonhaltiger Sand).
23' 4" fester Sandstein von dunkelgrauer Farbe mit Thon wechselnd (22).
6' 8" rother fester Sandstein von sehr feinem Korn (23).
1' 02" grauer Sandmergel mit dunkelblauem Thon (24, thonhaltiger Sand).
2' 1" lockerer, ganz feiner Triebsand (25, Quarzsand).
2' 7" blauer Thon mit feinem Triebsand gemischt (26).
14' 7" rother fester Sandstein (27).
4' 10" Mergel von gelblich grauer Farbe abwechselnd mit Thonschichten, welche anfangs blaue zuletzt rothe Farbe haben (28).
10' 3" rother Sandstein (29).
2' 10" gelber Mergel (30).
1' 4" rother und weisser Thon (31).
5' 0" rother thoniger Sandstein (32).
8' 2" röthlichgrauer Sandstein mit Spuren von weissem Thon, zuweilen mit losen Sandlagen (33).
1' 7" rother, thoniger Sandstein (34).

823' bis zum Gestängbruch, bei welchem die Arbeit eingestellt wurde.

6. Letzter Bohrversuch an der Saline, begonnen den 18. November 1856, beendigt im Juli 1859. (XII.)

13' angeschwemmtes Land.
6" rother Sand und Gerölle.

6' 6"	grauer Sand.
3' 6"	sehr weicher, grauer Sandstein in dünnen Schichten, mit 30° in Südost fallend.
2' 6"	grauer Sandstein.
6' 6"	grauer Sand (Gesammtteufe 26' 6")
89' 6"	grauer, sehr harter, bisweilen milder Sandstein (1, feinkörnig, hellgrau.)
6' 0"	milder Sandstein mit blauem Thon gemischt. (2, grünlichgrauer thonreicher Sandstein 121' 5"—122').
11' 6"	milder Sandstein, (3 aus 133—137' Teufe graulichweiss, feinkörnig.) Bei 123' hatte sich der Zufluss allmählig auf 0. 98 C' per Minute mit einem Gehalt von 0. 132% an festen Bestandtheilen vermehrt.
5' 4"	milder Sandstein von heller, grauweisser Farbe. (4)
1' 5"	festerer Sandstein von grauer Farbe. (5)
6' 6"	milder Sandstein mit abwechselnden Lagen von verschiedenem, feinem Korn. (6, 7 mit kieslichem Bindemittel, 8 gelblichgrau.) In den nachgebrochenen Stücken finden sich einzelne Schwefelkieskörner eingesprengt. (9)
5' 5"	milder Sandstein (10 mit reichlichem, grauem, thonigem Bindemittel).
1' 1"	fester Sandstein.
2' 0"	fester Sandstein.
5' 11"	weicher, mit Thon gemischter Sandstein.
1' 0"	fester Sandstein.
1' 4"	milder Sandstein, grobkörnig und zerklüftet, hie und da mit blauem Thon gemischt (11 mit sparsamen, hellgrauem, thonigem Bindemittel.)
2' 5"	etwas fester ebensolcher Sandstein (12 röthlichgrau, 13 dunkelgrau und mürbe, 14 grau und fest).
14' 1"	sehr milder Sandstein (Nr. 15 bei 167' blättrig mit weissem thonigen Bindemittel, Nr. 16 ebensolches Bindemittel sehr sparsam, Nr. 17 reich an weissem Thon. Gesammtteufe 180', per Minute 1,25 C.' zu 10° R. und 0,16 Prozentgehalt.)
9' 2"	milder, grobkörniger, grauer Sandstein, bisweilen mit etwas eingesprengtem Schwefelkies, Nr. 18 aus 181—182' Teufe mit sparsamem, grünlichgrauem Bindemittel, Nr. 19 aus 184 bis 185' Teufe theilweise gelb oder dunkelgrau.

5′	5″	festerer, theilweise etwas feinkörniger Sandstein mit Schwefelkiesspuren (20, hellgrau).
10′	4″	milder Sandstein.
3′	9″	festerer Sandstein.
0′	4″	milder Sandstein.
7′	8″	fester Sandstein von gelblichgrauer Farbe mit Schwefelkiesspuren (21, mit sparsamem, kieslichem Bindemittel, feinkörnig).
25′	4′	Sandstein mittelhart, (22 feiner, hellgrauer Sand, 23 feinkörniger Sandstein, 24 ebenso gelblich und röthlichgrau, 25 mit theilweise quarzigem Bindemittel).
5′	1″	milder Sandstein (26 mürbe, grau mit seltenem thonigem Bindemittel.)
16′	4″	sehr klüftiger, harter Sandstein (27, 28 feinkörnig, grau).
4′	6″	milder Sandstein mit Thon.
2′	1″	fester Sandstein.
5′	5″	sehr weicher Sandstein mit Thon (29, aus 271—276′ Teufe feinkörnig, mit sparsamem, gelbem, thonigem Cäment).
5′	0″	mittelharter Sandstein.
4′	11″	milder Sandstein mit blauem Thon.
10′	3″	sehr weicher Sandstein mit Thon (30, bei 277′ Teufe feinkörnig, hellgrau, 31, grünlichweisser Thon vorwaltend).
11″	8″	sehr weicher Sandstein (32, gelbgefleckt mit sparsamem Thoncäment). Gesammtteufe 298′ 3″.
14′	9″	mittelharter, grauer Sandstein (33, 34, 35, 36 feinkörnig mit sparsamem, thonigem Cäment).
14′	9″	fester, sehr klüftiger Sandstein (37, dunkelgrau mit kieslichem Cäment und Thonmandeln, 38, feinkörnig mit sparsamem thonigem Bindemittel und weissen Glimmerschuppen auf einer Kluftfläche).
26′	4″	fester, klüftiger, grauer, Glimmer führender Sandstein mit Schwefelkiesspuren. 39, 40, 41. Der Soolezufluss steigerte sich auf 2.3 Kbfss. mit 12° R und 1.44 Przt. Gehalt.
28′	6″	Sandstein von verschiedener Festigkeit (42, hellgrauer Sand aus 362′ Teufe). Gesammtteufe 382′ 7″.
5′	8″	Sandstein mit blauem, thonigem Bindemittel.
11′	3″	fester Sandstein.
10′	2″	milder Sandstein mit etwas Thon (43, gelblichweisser, feinkörniger, thonreicher Sandstein.)

41'	1"	sehr milder Sandstein (44 mit reicherem Gehalt an blaugrauem Thon).
17'	9"	milder, grauer Sandstein (45 fester, 46 mürber).
7'	7"	festerer Sandstein (47, feinkörnig, grau mit wenig hellgrauem thonigem Cäment.
8'	3"	milder Sandstein mit blaulichgrauem Thon gemengt.
8'	7"	sehr klüftiger, weicher Sandstein (48, 49 gelb und sehr mürbe).
11'	1"	etwas härter (50 grauer, mürber Sandstein). Gesammtteufe 505'.
2'	1"	von wechselnder Härte (51, 52, hellgrauer, mürber Sandstein mit sparsamem Bindemittel).
6'	3"	fester, sehr klüftiger Sandstein (53, 54 hellgrau, weisse Glimmerschuppen führend).
9'	11"	milder Sandstein mit Thonlagen (55 gelblichgrau).
170'	3"	verschiedenfester Sandstein mit Thonzwischenlagen. 56—60 Sandstein mit blaulich- oder gelblichweissem thonigem Bindemittel.

Der Soolzufluss per Minute gab 2⁴/₁₀ Kbfss. mit 13½° R. und 1.84 Procent.

2'	9"	festerer Sandstein. Gesammtteufe 696' 3".

Per Minute 3³/₁₀ Kbfss. zu 2.23 Przt. mit 11½° R. aus dem Tiefsten mit dem Löffel heraufgeholt, am 23. Sept. 1858.

8'	6"	fester Sandstein mit ganz dünnen, weicheren Schichten wechselnd (61 schmutziggrau, 62 bläulichgrau, 63 gelblichgrau, 64 graulichgelb).
7'	0"	mittelharter grauer Sandstein ohne Thonmittel.
4'	7"	fester Sandstein.
1'	10"	fester Sandstein von dunkelgrauer Farbe mit wenig Thonmitteln.
18'	2"	thonhaltiger Sandstein von verschiedener Festigkeit.
5'	6"	milder Sandstein ohne Thonmittel.
11'	1"	milder Sandstein mit Thonmitteln (65 dunkelgrauer Sandstein).
4'	11"	fester, grauer Sandstein, ohne Thonmitel (66 gelblichgrau).
53'	5"	fester, zuweilen milder Sandstein mit Thonmitteln (67 grünlichweisser, sandiger Thon, 68 gelber, mürber Sandstein, 69 hellgrauer und gelblichgrauer Sandstein mit weissem, thonigem Cäment.
4'	0"	harter Sandstein (70 gelb, feinkörnig mit thonigem Bindemittel).

9' 2"	milder Sandstein mit Thonmitteln (71 gelblichgrau).
1' 5"	härterer Sandstein.
19' 3"	milder grauer Sandstein mit Thonmitteln (72 rauchgrau).
24' 2"	sandiger Thon von blaugrauer Farbe (73 thonreicher, feinkörniger Sand von graugelber Farbe).
3' 9"	sehr fester Sandstein mit wenigen Thonmitteln.
23' 2"	sehr feinkörniger thoniger Sandstein von weisslicher Farbe und wechselnder Härte (74 bläulichgrauer, feinen Sand führender Thon).
8' 4"	milder, sandiger Thon von bläulicher Farbe (75 blaugrauer thonführender Sand und Sandstein).
4' 5"	desgleichen mit weisslicher Farbe.
7' 5"	sehr fester, plastischer Thon (76 magerer, dunkelgrauer Thon).
4' 9"	mehr sandiger Thon von bläulicher Farbe (77 weisser, sehr feinkörniger Thonsandstein, Nachfall).
2' 8"	ungemein fester Thon von bläulicher Farbe (78 dunkelgrünlichgrauer, magerer Thon und Sandstein).
7' 9"	dunkelgrünlichgrauer, feinkörniger Sandstein (79 zum Theil **fleischfarbiger** Sandstein).
3' 11"	milderes Gestein (80, 81 theils fleischfarbiger, theils dunkelgrünlichgrauer, feinkörniger, thonreicher Sandstein).
1' 9"	Sandstein von wechselnder Härte (82, 83, 84 Nachfall aus den oberen Schichten).
18' 3"	fester, grauer Sandstein ohne Thonmittel (85, 86, Nachfall aus obern Schichten). Bei 960' kohlensäurehaltige süsse Quelle mit 15° R. Der Zufluss beträgt 4.28 Kbfss. mit 15° R. und 1.91 Przt. Es scheint hier viel Kohlensäure zuzuströmen. **Gesammtteufe 963' 5"**.
0' 8"	thonhaltiger **rother** Sandstein (87 ziegelrother, thonhaltiger Sand).
8' 0"	milder, thoniger Sandstein von rother Farbe (88 höchst feiner, hellgrauer Triebsand aus 971¼' Teufe, 89 grünlichweisser und grünlichgrauer, feiner Thonsandstein, 90 weisser Sandstein. Nachfall.)

Die Erhöhung des Soolauslaufes um 7', so dass er nunmehr nur 11" unter der Bohrbank, verminderte die Schüttungsmenge auf 0.42 Kbfss. und erhöhte den Gehalt auf 2.54 Prozent mit einer Wärme von 16° R. Die Niederlegung des Ausflusses auf 4' 11" unter der Bohrbank steigerte die Quantität wieder auf 2.9 Kbfss., während gleichzeitig der Prozentgehalt nur auf 2.47 mit 16° R. zurückging. Ueberhaupt bemerkte man, dass das Niveau des Sooleabflusses wesentlich auf die Menge und den Gehalt einwirkt. Bei der Untersuchung der Soole in verschiedener Tiefe von 25 zu 25' schwankte das spezifische Gewicht zwischen 1.0177 — 2.5 Przt. bei 566' — 616' — 716' und 1.0182 = 2.57 Przt. bei 416' und 691').

Bei grösserer Teufe als 791' nahm die Löthigkeit successive ab bis zu dem specifischen Gewicht von 1.0006 = 0.088 Przt. bei 910'.

5'	3"	fester, rother Sandstein (Todtliegendes?)
12'	4"	dunkelrother, fester Thon mit harten Gesteintrümmern (91 ziegelrother, thoniger Bohrschmand aus 978—889' Teufe, 92 ausgewaschener, bläulichrother, höchst feinkörniger Sandstein mit weissen Dolomitsplittern, 93 grüngefleckter, bläulichrother, bisweilen sandiger Schieferton.
9'	10"	festeres Gestein mit weniger Thon von mehr bläulicher Farbe. Bei 1000' 6" erschrotete man süsse Quellen. Es schüttete per Minute 5 C.' mit 17° R. und 1.88 später 0.25 Przt.
6'	1"	sehr festes, zerklüftetes Gestein (94' röthlichschwarzer, höchst feinkörniger Grauwackesandstein).
2'	7"	sehr festes, zerklüftetes Gestein (95 grünlichschwarzes, fast dichtes Melaphyrähnliches Gestein).
1008'	2"	Gesammtteufe am 13. Juli 1859 mit einem Kostenaufwand von 27,944 fl. 19 kr. 3 Pf.

Das Steinpflaster um den Schachtkranz der neuen Quellfassung liegt 8' 7" bayer. tiefer als die ehemalige Bohrbank, auf welche sich sämmtliche Teufenangaben beziehen.

7. Bohrarbeit für die Gemeinde Maikammer im Dzber. 1857.

47'	6"	Kies mit Letten.
1'	4"	Sandstein.
30'	0"	Kies.
2'	8"	Sandstein
38'	6"	weisser Sandstein.
2'	4"	Sandstein.
114'	2"	gelber Sand.

8. Bohrarbeit in Maikammer im Dzbr. 1858.

16′ 10″ grauer Letten.
1′ 4″ Kalkstein.
9′ 8″ grauer Letten.
0′ 10″ Kalkstein.
10′ 3″ weisser Letten.
10′ 8″ gelber Letten.
1′ 5″ Kalkstein.
8′ 7″ grauer Letten.
8′ 5″ Kalkstein.
5′ 11″ dunkelgrauer Letten.
1′ 1″ Kalkstein.
27′ 6″ blauer Letten.
0′ 11″ Kalkstein.
9′ 9″ blauer Letten.
1′ 5″ Kalkstein.
5′ 1″ blauer Letten.
1′ 9″ Kalkstein.
19′ 2″ blauer Letten.
2′ Kalkstein.
1′ sehr harter Kalkstein.

9. Bohrarbeit bei der Stadt Dürkheim an der Wachenheimer Strasse im sogenannten Lochacker Dzmbr. 1862 bis Jannar 1864.

1.10 Mtr. aufgeschwemmtes Land.
1.70 Lehm.
2.80 dunkelbrauner Letten mit Gypskrystallen.
8.30 dunkelbrauner, sehr sandiger Thon mit Schwefelkiesknollen.
0.18 dunkelgrauer Tertiärkalkstein.
2.62 dunkelbrauner Thon.
0.10 grauer Sand.
1.94 sehr fester, blättriger, dunkelbrauner Thon.
1.00 derselbe Thon etwas milder.
2.86 blaugrauer, milder, sandiger Thon.
0.60 blaugrauer, sandiger Thon.

} 25.06 Mtr. im Meeresletten.

0.14 grauer Sand.
0.96 sandiger Thon mit Schwefelkies.
0,76 blättriger, sehr fester Thon mit Quarzgeröll. } Zum Meeresletten

1.62 grauer Sandstein, sehr fest, glimmerreich und Schwefelkieshaltig.
0.69 hellgrauer, grobkörniger Sandstein.
1.72 röthlichgrauer Sandstein.
1.35 sehr harter Sandstein mit Quarzgeröll.
5.20 milder, gelbgrauer Sandstein, zerklüftet.
1.94 härterer, grauer Sandstein mit Quarzgeröll.
4.32 sehr lockerer Sandstein mit grobem Kies.
1.10 härterer, grauer Sandstein.
3.80 weicher Sandstein.
3.20 fester Sandstein.
2.00 weicher Sandstein. Zusammen 53 Mtr. tief. } Buntsandstein.

10. Bohrarbeit am heiligen Häuschen an der Wachenheimer Strasse bei Dürkheim, 1864.

3.00 Mtr. Dammerde.
0.50 rother Sand.
0.40 Geröll mit Sand.
64.24 blauer Letten.
1.00 brauner Thon.
3.34 blauer, sandiger Thon.
7.76 Thon mit Steinen.
0.94 Kalkstein (Septarien?) } Meeresletten.

1.17 rother Thon.
2.65 grauer Sandstein.
0.97 faules Gebirg (Sandstein).
2.10 grauer Sandstein.
2.42 blauer, sandiger Thon.
1.34 weisser Sandstein.
0.45 weisser Thon.
7.33 weisser Sandstein. } Buntsandstein

11. Bohrarbeit für einen städtischen Brunnen im Seebacher Thal, 1863.

2.70 angeschwemmter lockerer Sand.
2.15 Geschiebe von Sandstein und mit Thon gemischter gelber Sand.
17.05 milder, klüftiger, gelber Sandstein mit etwas Thon gemischt.
0.25 gelber Thon.
3.02 weisser Sandstein.
1.68 thoniger, gelblicher Sandstein.
17.56 weisser und gelber Sandstein.
6.46 fauler, weisser u. gelber Sandstein.
4.54 weicher, weisser Sandstein.
2.09 lockerer, weisser Sand.
14.59 fester, weisser Sandstein.
18.24 zerklüfteter, weisser Sandstein.
12.57 desgleichen.

102.90 Meter.

12. Bohrarbeit in Gimmeldingen, 1863/64.

4.50 Dammerde.
4.40 rother Sand mit Thon gemischt (fleischroth).
5.00 rother Thon (fleischrother, sandiger Thon).
2.60 weicher, rother Sandstein (feink. ziegelroth).
4.50 rother Sandstein (feink. braunroth).
0.50 blauer Thon (blaulichgrau).
5.17 grauer Sandstein (grünlichgr. zuweilen feinkörn.).
3.50 harter, weisser Sandstein.
2.00 faules Gebirg (feink., thonreicher Sandstein).
11.33 harter Sandstein (feink.)
0.80 fleischfarbiger Thon (sandiger).
2.20 sehr harter Stein (feink. Sandst.)
0.50 rother Thon (sandiger).
5.00 weisser Sandstein (feink., fleischfarbig).
0.50 blauer Thon (blaugrauer).
2.50 rother Thon (reich an fein. Sand).
7.00 klüftiger Sandstein (grau, feink.)
1.00 blauer Thon (sandig, blaugrau).
14.50 rother Thon (braunroth, mager).

3.00 weisser Sandstein (grobk., grau).
1. 00 Sand mit Steingeröll (Quarzgeröll).
1. 00 Sandstein (grau, feinkörnig).
2. 28 rother Thon.
10. 22 harter Sandstein.
0. 30 rother Sand (blassrother sehr feiner Sand)
2. 00 Wacke, harte (Quarzgerölle).
2. 38 Sandstein.
1. 10 brauner (braunrother) Thon mit kleinem Quarzgeröll.
2. 00 harte Wacke (Quarzgerölle).
0. 80 brauner Sand (feiner, blassrother).
0. 70 harter, brauner Quarzsand.
1. 72 gelbbrauner Quarzsand.
0. 50 harter Schiefer.
0. 03 brauner Sand (röthlichschwarz).
2. 20 Schiefer.
0. 46 brauner Sand.
3. 10 röthlichschwarzer, feinkörniger Sandstein. } Rothliegendes
3. 00 brauner Schiefer mit Thon (röthlichschwarz).
27. 95 Thon mit Gesteinsschutt.
3. 51 rother Thon (dunkelroth).
19. 25 sehr harter, klüftiger Grauwackenschiefer (röthlichschwarz).

162. 00 Meter Gesammtteufe.

13. Bohrarbeit bei H. Gossler in Frankeneck im August und September 1864.

22.00 Mtr. Sand mit Gesteingeröll.
2.00 rother Sand.
5.00 steinigtes Gebirg mit Thon.
9.00 weisser Sand.
2.31 rother Stein (Sandstein).
4.52 rother Thon.
9.55 Thonschiefer.

14. Bohrarbeit, ebenda im Oktober 1864.

0.29 Geröll mit Sand.
3.50 thoniger Sand.

2.06 rother Sandstein.
14.15 weicher, rother Sandstein.

15. Bohrarbeit bei F. Knöchel in Neustadt, 1864.

89.83 Meter Grauwakeschiefer.
6.38 rother Thon und Schiefer.
1.05 rother Thon.
6.00 Grauwackeschiefer.
4.61 sehr klüftiges Gestein.
15.82 sehr harter Grauwackeschiefer.
——————
113.69 Meter.

16. Bohrarbeit auf der Friedrich'schen Papierfabrik in Eisenberg. 1862 und 1863.

4.00 Meter Dammerde.
1.00 braune Erde. Diluvium.
1.45 Dammerde mit Quarzsand untermengt.
7.50 weisser Sand.
11.29 weisser, magerer Flosssand.
1.40 harter, weisser Sandstein (feinkörniger, blassgelber mit sparsamem Thonbindemittel).
6.57 weisser Sand.
0.86 kalkhaltiger Sand.
1.40 grauer Sand.   } Tertiärlagen.
11.03 weisser Sand.
7.00 blauer Letten.
3.00 apfelgrüner Letten mit Kalksteinen gemengt.
0.50 brauner Thon.
2.50 apfelgrüner Thon.
4.50 blauer Thon (fett, bald hellgrau, bald dunkelgrau).
4.25 brauner Thon (rauchgrau, manchmal marmorirt).
0.20 gelber Thon.
0.40 rother Sand mit Thon gemischt.
1.60 fester, weisser Sandstein.   } Zum Buntsandstein gehörige Lagen.
0.52 gelber Sand.
0.10 Wacke (Quarzgeröll).
0.15 gelber Sand.

2.00 Sandstein.
4.67 weisser Sandstein.
1.40 gelber Thon (Gesammtteufe 78.29 M.)
5.13 rother Thon.
3.13 Sandstein.
3.37 rother Thon.
6.70 rother Sandstein.
1.55 Sand.
2.45 Thon.
2.50 Stein?
2.00 rother Thon.
1.68 Stein?
0.20 feiner, rother Sand.
1.68 rother Thon.
2.10 Sand mit Quarzderöll.
15.51 Thon mit Geschieben. Ganze Teufe 127.20 Mtr.

} Zum Buntsandstein gehörige Lagen.

17. Bohrarbeit bei Gebrüder Tillmann in Dürkheim, 1863.

12.54 Meter alter Brunnen.
2.39 weisser Sand und fauler Felsen.
4.00 weicher Sandstein.
2.02 weisser Felsen hart und zart.
1.41 fauler Felsen.

} Buntsandstein.

18. Bohrarbeit bei Herrn v. La Roche, 1859.

10' Bohrteichel.
6' schwarzer Letten.
5' grauer Sand mit Wasser.
13' 4" Letten.

} Meeresletten.

25' weissgrauer Sand.
16' 6" grauer, sandiger Letten.
8' schwarzer Sand.
7' Letten.
13' 7" schwarzer, lettiger Sand.
12' 1½" grauer und gelber Kies.

} Meeressand.

19. Bohrarbeit bei Dr. Schäfer, 1859.

8′ 3″ Kies und Sand. ⎫
20′ 4″ Letten. ⎪
6′ 0″ grauer Sand. ⎬ Meeresletten und Sand.
16′ 5″ Letten. ⎪
7′ 3″ grauer Sand. ⎪
4′ 6″ Letten. ⎭
2′ 9″ weisser Sandstein (Buntsandstein).

20. Bohrarbeit bei Frau Geist in Dürkheim, 1864.

4.45 Meter Moorboden. Alluvium.
8.19 gelber Sand. ⎫
3.36 grauer Sand. ⎪
0.52 grauer Letten mit Sand. ⎬ Meeressand.
0.30 grauer Sand. ⎪
0.67 grauer, sandiger Letten. ⎪
2.81 grauer Sand. ⎭
--
20.30 Meter.

21. Bohrarbeit bei Rud. Christmann in Dürkheim. 10./V. 1864 bis 1865. — 151.50 Meter tief.

5.48 Meter Letten, sandiger. (Meeresletten.)
5.01 gelber und weisser Sand. ⎫
25.00 Kies mit Wasser. ⎪
33.00 grauer Sand. ⎬ Meeressand.
4.20 grauer Flosssand. ⎪
0.77 grauer Kies. ⎭
4.13 Kies, harter. ⎫
6.41 fauler Felsen. ⎪
4.38 Stein und Sand. ⎪
4.00 Letten mit Sand und Stein. ⎪
6.00 Letten mit etwas Sand und Stein. ⎬ Buntsandstein.
0.40 harter grauer Stein. ⎪
3.01 etwas weicherer Stein. ⎪
2.13 blauer Letten. ⎪
2.72 weicher Sandstein. ⎭

0.61 blauer Letten.
6.52 weicher Sandstein.
14.69 grauer Sandstein.
4.19 etwas härterer grauer Sandstein.
13.13 weisser Sandstein mit etwas Sand und weissem Quarzgeröll.
1.04 Sand mit Letten.
4.68 weisser Sandstein.

} Buntsandstein.

22. Bohrarbeit am Arresthaus zu Dürkheim, 1866.

37.41 Meter in weissem Sandstein (Buntsandstein).

23. Bohrarbeit bei H. Heinz in Kallstadt, 1859.

11′ 6″ weissgelber Sand mit Letten vermischt.
4′ 4″ gelber Sand.
25′ 11″ gelber lettiger Sand.
10′ 2″ gelber Kies.
9′ 1″ gelber lettiger Sand.

24. Bohrarbeit für den Gemeindebrunnen in Ungstein, 1860.

60.0 Meter gelber, sandiger Letten.
0.74 rother sandiger Letten mit weissem untermischt.
0.47 gelber sandiger Letten.
2.60 weisser, sandiger Letten.
2.19 weisser Letten mit gelbem untermischt.
0.80 gelber Letten.
2.13 gelber, sandiger Letten.
0.9 grauer Letten mit Kieselsteinen.
7.75 weisser Letten.
1.35 Kalkstein.

25. Bohrarbeit bei Frau Marat in Herxheim am Berg, 1859.

15′ 0″ rother Letten.
3′ 6″ gelber Letten.

2' 00" Kalkstein.
13' 2" gelber Letten mit Kalkstein.
0' 7" Kalkstein.
11' 3" Kalkstein und schwarzer Letten.

26. Bohrarbeit bei Z. Retzer in Ungstein.

7 Meter alter Brunnen.
5.50 Kalkstein.
0.64 weissgrauer Sand.

27. Bohrarbeit in Grünstadt am Gemeindebrunnen, 1863 und 1864.

4.45 Meter Bohrteichel.
4.00 Lehm.
1.95 hellgelber Thon.
0.10 brauner Thon.
1.60 weisser Thon.
12.97 Kalksteingeröll.
0.50 blauer Thon.
14.05 Kalksteingeröll.
32.89 blauer Letten.
0.72 blauer Mergel.
0.74 blauer Letten.
0.52 blauer Mergel.
1.36 blauer Letten.
1.57 blauer Mergel.
0.87 blauer Letten.
1.17 blauer Kalkstein.
0.15 blauer Letten.
6.25 Kalkstein.
0.19 Letten.
1.10 Kalkstein.
0.65 Kalkgeröll und Letten.
0.16 Kalkstein.
1.00 grauer feiner Sand.
0.15 grauer Letten.
0.20 Schwefelkies.
2.28 grauer Sand.

0.12 Letten.
0.40 Schwefelkies.
1.20 grauer Sand.
0.15 grauer Letten.
0.45 grauer Kalkstein.
0.40 grauer Sand mit Letten untermischt.
0.29 grauer Stein (Litorinellenkalk).
0.33 grauer Sand mit Letten untermischt.
0.24 grauer Stein (Litorinellenkalk).
0.12 grauer Sand mit Letten untermischt.
1.24 grauer Stein (Litorinellenkalk).
2.35 grauer Sand mit Letten untermischt.
0.88 harte, schwarze Steine (Litorinellenkalk).
4.15 schwarzer Sand mit Letten u. losen Schneckenhäuschen (Lit. acuta).
0.30 grauer Stein (Litorinellenkalk).
1.00 schwarzer Sand mit Letten und Schneckenhäuschen (Lit acuta).
0.52 grauer Stein (Litorinellenkalk).
2.45 schwarzer Sand mit Letten und Schneckenhäuschen (Lit. acuta).
0.46 schwarzer Stein (Litorinellenkalk).
2.53 schwarzer Sand mit Letten und Schneckenhäuschen (Lit. acuta).
0.89 grauer Stein (Litorinellenkalk).
1.81 grüner Letten.
0.35 grauer Stein (Litorinellenkalk).
0.34 grauer Letten mit Schneckenhäuschen. (Lit. acuta.)
0.28 grauer Stein (Litorinellenkalk).
1.51 grauer Letten mit Schneckenhäuschen. (Lit. acuta.)
0.42 harter Stein (Litorinellenkalk).
0.31 grauer, sandiger Letten m. S. (Lit. acuta.)
0.34 harter Stein (Litorinellenkalk).
0.49 grauer sandiger Letten m. S. (Lit. acuta.)
0.35 harter Stein.
1.75 grauer, sandiger Letten m. S. (Lit. acuta.)
0.28 harter Stein.
0.57 grauer, sandiger Letten m. S. (Lit. acuta.)
1.56 harter, grauer Stein.
0.77 grauer Sand mit Letten untermischt m. S. (Lit. acuta.)
0.40 harter Stein.
0.76 grauer, sandiger Letten mit Muschelschalen.
0.25 harter Stein.

1.22 grauer Letten.
0.25 grauer Sand.
0.94 harter Kalkstein.
1.60 Sand mit Letten.
3.67 Letten mit Schneckenhäuschen. (Lit. acuta.)
0.78 Kalkstein.
1.32 Letten mit Schneckenhäuschen. (Lit. abuta.)
0.43 harter Kalkstein.
1.00 Letten.
1.68 harter Kalkstein.
0.40 harter Kalkstein.
1.05 Letten.
0.42 Kalkstein.
0.70 Letten.
0.52 Kalkstein.
0.49 Letten.
0.72 Kalkstein.
0.62 Letten.
0.55 harter Kalkstein.
1.61 Letten.
0.66 feine blaue Erde.
0.20 Kalkstein.
0.50 Letten.
0.80 Kalkgeröll und Letten.
1.50 grauer und brauner Letten.
0.30 Kalkstein.
0.95 Letten.
0.25 Kalkstein.
2.82 Letten.
0.33 Kalkstein.
2.79 Letten.
0.79 Kalkstein.
0.30 schwarzer Letten.
0.53 Kalkstein.
2.00 Letten.
0.30 Kalkstein.
0.20 Letten.
0.34 Kalkstein.
3.76 Letten.

0.72 Kalkstein.
1.10 Letten.
0.86 Kalkstein.
0.47 Letten.
0.75 Kalkstein.
3.50 Letten.
0.50 Kalkstein.
2.32 Letten.
0.20 Kalkstein.
1.68 Letten.
0.10 Kalkstein.
1.96 Letten.
0.27 Kalkstein.
1.16 Letten.
0.72 Kalkstein.
2.50 Letten.
1.28 Kalkstein. Ganze Tiefe 184.15 Meter.

28. Bohrarbeit bei W. Mann in Lautersheim, 1867.

17.14 Meter tiefer Brunnen.
12.88 hellgrauer Letten.
1.02 Kalkstein.
16.16 grüner Letten.
11.36 blauer Letten.
0.64 sandiger Letten.
10.45 harter, sandiger Letten.
1.95 grüner Letten.
1.25 schwarzer Letten
7.65 blaugrauer Letten.
2.25 hellgrauer Letten.
0.73 schwarzer Letten.
1.05 grüner Letten.
0.87 hellgrauer Letten.
0.84 Kalkstein mit Muscheln.
2.04 grauer Sand.
3.57 grauer Letten.
1.40 grauer Sand.
0.98 grauer Kalkstein.
3.20 grauer Letten. Summe 97.54 Meter.

29. Auf der Flur von Lautersheim, 1867.

6.17 Lehm.
0.20 Sand mit Thonadern
0.22 Sand.
5.41 Thon.

Desgleichen.

6.50 Lehm.
1.10 Kalkgerölle.

Desgleichen.

7.14 Lehm.
2.56 Letten mit Sand.

Desgleichen.

5.0 Lehm.
4.70 Letten mit Sand.

30. Bohrarbeit bei Seb. Kunz in Merthesheim.

a. in einem Brunnen neben der Strasse zwischen Merthesheim und Asselheim.

3.15 Kalksteingeröll.
0.30 Lehm.
2.05 Kies.

b. auf einer Wiese bei Merthesheim.

3.70 Meter Moorboden.
2.26 Kies.

c. auf einem Acker am Berge gegen Grünstadt nahe der Steinbrüche.

10.28 Meter Letten.
3.80 blaue Erde (Thon).

31. Bohrarbeit bei Heinrich Brauer in Asselheim, 1862.

a. an der Landstrasse, nördlich neben dem Eisbach.

3.50 Meter weisser Sand.
0.10 weisse Erde (Thon).
0.93 weisser Sand.

0.10 weisse Erde (Thon).
1.20 gelber Letten mit Sand.
0.78 schwarzgrauer Letten.
0.55 gelber Klebsand.
2.54 grauer Sand mit Letten.

    b. 200 Meter westlich von a.
17.00 Meter Letten.
 8.57 hellblaue Erde.
 1.73 dunkelblaue Erde.

    c. neben dem Bach.
4.00 Meter Moorboden.
2.82 Kies.

32. Bohrarbeit bei Renz in Heidesheim.

a. 2.30 Meter Lehm.
   4.00 Glassand.
   1.00 schwarzer Sand.
   1.56 grauer Sand mit Letten.

b. 3.60 Lehm.
   2.00 Glassand.
   1.60 Kies.
   3.00 weisser Sand mit Letten.

c. 3.80 Meter Lehm.
   0.20 gelber Sand.
   1.10 Kies.
   0.10 Erde.
   3.00 Glassand.
   1.20 Stubensand.
   0.60 Sand mit Letten.

d. 3.90 Lehm.
   0.44 Sand.
   0.93 Kies.
   4.13 gelblichweisser Sand mit Letten.
   2.25 rother Sand mit Letten.
   0.90 gelbweisser Sand mit Letten.

e. 3.20 Lehm.
   1.30 Sand und Kies.

0.10 Erde (Thon).
0.21 schwärzlicher Letten.
0.54 Glassand.
0.20 Erde (Thon).
1.70 Glassand.
1.60 Sand mit Letten.

f. 2.35 Lehm.
0.95 Kies.
0.46 Kies und harter Sand.
0.34 rother Sand mit Letten.
0.28 Erde (Thon).
0.67 Glassand.
0.45 Sand mit Letten.

g. 2.75 Lehm.
1.12 Erde (Thon).
1.68 Glassand.

h. 1.70 Lehm.
2.05 gelber und rother Sand.
1.87 weisser Stubensand.
0.10 Erde (Thon).
2.11 Sand mit Letten.
0.30 Glassand.

i. 3.30 Lehm.
0.42 rother, harter Kies.

k. 3.03 Lehm.
1.10 rother Sand mit Kies.
1.24 weisser Stubensand.
0.26 Erde (Thon).
0.46 Glassand.

l. 3.39 Lehm.
0.44 rother Sand.
0.40 weisser Sand mit Letten.
0.30 rother Kies.
0.45 weisser Sand mit Letten.
0.44 Kies von rother und weisser Farbe.
0.05 Erde (Thon).
0.46 Glassand.

m. 3.29 Meter Lehm.
    0.82 gelber Sand.
    0.53 Erde (Thon).
    0.23 weisser Sand mit Letten.
    0.50 Glassand.
    1.40 Sand mit Letten.

n. 2.85 Lehm.
    0.94 rother Kies.
    0.84 weisser Kies.
    0.60 Glassand.
    1.70 Sand mit Letten.

o. 3.05 Lehm.
    1.10 rother, harter Kies.
    0.38 weisser Sand.
    0.20 Erde (Thon).
    0.35 Sand mit Letten.
    0.70 Glassand.
    1.00 gelber Sand.
    2.00 hellgelber Sand.

p. 3.60 Lehm.
    0.74 gelber Sand.
    0.30 weisser Sand.
    0.14 Erde (Thon).
    0.46 Glassand.
    2.46 Sand mit Letten.

q. 2.07 Lehm
    1.11 gelber Sand.
    1.04 rother Sand mit Kies.
    0.42 Erde (Thon).
    1.08 weisser und gelber Sand.
    0.24 Erde (Thon).
    0.50 Glassand.
    0.64 Sand mit Letten.

r. 3.05 Lehm.
    0.89 weisser Kies.
    0.56 Erde (Thon).
    1.16 gelber und weisser Sand.

0.15 Erde (Thon).
0.10 Glasssand.

s. 1.86 Meter Lehm.
0.44 grauer Thon.
0.61 rother Sand.
0.86 grauer Thon.
0.87 harter Sand.
2.36 Lehm.
0.60 Kies.
5.30 Sand mit Letten.
0.77 weisser und grauer Sand.

t. 0.91 Lehm.
0.57 grauer Letten.
1.00 grauer, sandiger Letten.

33. Bohrarbeit bei Kunz in Asselheim, im November 1862.

a. 1.97 Meter Brunnentiefe.
1.18 Kalksteingeröll.
0.30 Lehm.
2.05 Kies.

b. 3.70 Moorboden.
3.26 Kies.

c. 10.28 Letten.
3.30 blaue Erde.

34. Bohrarbeit bei G. Brauer in Asselheim, im Dezember 1862.

a. 3.05 weisser Sand.
0.10 weisse Erde (Thon).
0.93 weisser Sand.
0.10 weisse Erde.
0.20 gelbe Erde.
1.00 gelbe, sandige Erde.
0.10 schwarze Erde.
0.68 graue Erde.

0.55 gelbe Erde.
2.54 grauer Sand mit Letten.
b. 1.00 Baugrund.
12.00 Letten.
8.57 hellblaue Erde.
1.73 dunkelblaue Erde.
c. 4.00 Moorboden.
' 2.82 Kies.